特長と使い方

◆ 15時間の集中学習で入試を攻略！

1時間で2ページずつ取り組み，計15時間(15回)で高校入試直前の実力強化ができます。英文法や英作文も，15時間の集中学習でスピード攻略できるように入試必出問題を選んでまとめました。

★重要
入試によく出題される問題です。

✎差がつく
間違えやすい問題です。正解することで，まわりと差をつけることができます。

入試攻略Points
入試に向けて押さえておきたいポイントを学びます。
解答編に解説も掲載されています。

◆「総仕上げテスト」で入試の実戦力UP！

総合的な問題や，思考力が必要な問題を取り上げたテストです。15時間で身につけた力を試しましょう。

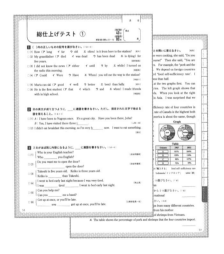

◆巻末付録「最重点 暗記カード」つき！

入試直前のチェックにも使える，持ち運びに便利な暗記カードです。理解しておきたい最重要事項を選びました。

◆解き方がよくわかる別冊「解答・解説」！

親切な解説を盛り込んだ，答え合わせがしやすい別冊の解答・解説です。間違えやすいところに
⚠ここに注意，入試対策の解説に 📖入試攻略Points といったコーナーを設けています。

1

目次と学習記録表

◆ 下の表に学習日と得点を記録して，自分自身の実力を見極めましょう。

◆ 1回だけでなく，復習のために2回取り組むことが，実力を強化するうえで効果的です。

			1回目		2回目	
			学習日	得点	学習日	得点
特長と使い方 …………………… 1						
目次と学習記録表 ……………… 2						
出題傾向・合格への対策 ……… 3						
1 時間目	時 制 ………………………	4	/	点	/	点
2 時間目	名詞・冠詞・代名詞・形容詞・副詞 ……	6	/	点	/	点
3 時間目	助動詞 ……………………	8	/	点	/	点
4 時間目	不定詞・動名詞 …………	10	/	点	/	点
5 時間目	比 較 ……………………	12	/	点	/	点
6 時間目	受け身 ……………………	14	/	点	/	点
7 時間目	現在完了 …………………	16	/	点	/	点
8 時間目	文 型 ……………………	18	/	点	/	点
9 時間目	疑問文・疑問詞 …………	20	/	点	/	点
10 時間目	分 詞 ……………………	22	/	点	/	点
11 時間目	関係代名詞・接続詞 ……	24	/	点	/	点
12 時間目	前置詞 ……………………	26	/	点	/	点
13 時間目	文構造・仮定法 …………	28	/	点	/	点
14 時間目	連 語 ……………………	30	/	点	/	点
15 時間目	会話表現 …………………	32	/	点	/	点
総仕上げテスト ① ………………		34	/	点	/	点
総仕上げテスト ② ………………		37	/	点	/	点

試験における実戦的な攻略ポイント5つ，受験日の前日と当日の心がまえ ………………………40

出題傾向

◆ 「英語」の出題割合と傾向

〈「英語」の出題割合〉

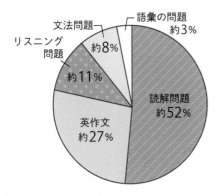

- 語彙の問題 約3%
- 文法問題 約8%
- リスニング問題 約11%
- 英作文 約27%
- 読解問題 約52%

〈「英語」の出題割合〉

- 問題の半数は読解問題で，長い対話文や物語，身近な話題を題材として，内容把握力や表現力が試される。
- 文法問題では，語形変化や空欄補充，同意文の書き換えなど，総合問題の中で出題されることが多い。
- 語彙問題は，読解問題の一部として出題され，文脈を読み取る力が試される。また，単語の定義や類推などの問題が比較的多く出題されている。

◆ 「英作文」「読解問題」「リスニング問題」の出題傾向

- 英作文では，語句の整序や条件英作文，自由英作文，語句の補充・選択問題などが出題される。新学習指導要領にある，初歩的な英語で自分の考えを書く表現力が求められる。
- 読解問題では，語句や文の補充・選択，日本語での記述，空欄に合う適文の補充・選択などが出題され，最新の流れや話題を取り入れた問題も多い。
- リスニングでは，対話や英文を聞いて内容の要約を聞き取る問題や，絵やグラフを選ぶ問題，対話を聞いて内容を理解する力やディクテーションの力が試される。

合格への対策

◆読解問題

英文を速く正確に理解する力や文脈を読み取る力が試されます。最近の流行や話題を取り入れた文章に慣れるよう，ニュースなどでチェックしておこう。

◆英作文

設問に対する意見の多様性よりも，初歩的な英語を用いて自分の意見を読み手にわかりやすく，正確かつ的確に表現する力が求められます。

◆リスニング問題

複数の絵やグラフから，内容に合ったものを選ぶ問題が多く出題されます。日常的な場面・状況で使用される慣用的な表現が問われることも多いので，教科書の対話表現を確認しておこう。

◆文法問題

不定詞や現在完了，現在分詞・過去分詞に関するものが多い。比較や接続詞も要注意しよう。

◆語彙の問題

単数・複数，同意語・反意語，比較変化，動詞の変形などが多く出題されます。教科書の基本表現を覚えたり，動詞の活用などをもう一度見直したりしておこう。

1 時間目

時 制

時 間 **30**分
合格点 **80**点

得点　　　　点

解答 ➡ 別冊 p.1

1 〔語形変化〕（ ）内の語を正しい形にして ____ に書きなさい。(3点×5)

□(1) Maria is _____ a baseball game on TV now. （watch） 〔沖縄一改〕

□(2) I _____ it on the kitchen table yesterday. （see） 〔岩手一改〕

□(3) When I was in the sixth grade in elementary school, my father visited Japan and _____ a book about Japan for me. （buy） 〔京都〕

□(4) My mother takes her own bag when she _____ shopping. （go） 〔長野〕

□(5) I _____ here from Narita yesterday. （fly） 〔千葉一改〕

2 〔適語選択〕（ ）内の正しいものの記号を選びなさい。(3点×5)

□(1) My sister always （ア listen to　イ listens to　ウ listen　エ listens） music when she cooks. 〔栃木〕

□(2) When I called Kumiko, she （ア studies　イ is studying　ウ will study　エ was studying） English. 〔神奈川〕

★重要 □(3) Mike and Ken （ア is　イ was　ウ are　エ were） studying in the library now. 〔栃木〕

□(4) My brother （ア has been　イ will come　ウ went　エ leave） in Korea for a week. 〔秋田一改〕

□(5) I （ア has been　イ go　ウ has gone　エ went） to the park three days ago. 〔駒込高〕

3 〔対話完成〕次の対話文が成り立つように, ____ に適語を書きなさい。(4点×4)

□(1) A : Hey, Sam.　When you were _____ a bath, Jack called you. 〔三重一改〕
　　B : Oh, really?　What did he say, Mom?

□(2) A : I hear you went to Canada last year.　What did you do there? 〔岡山〕
　　B : I _____ Japanese and Japanese traditional music to the students there.

□(3) A : What time will you meet her?
　　B : My father and I _____ going to the station to meet her at 11:00.

□(4) A : Hi, Keiko.　I read this book yesterday. 〔愛媛〕
　　B : Oh, _____ you?　How was it?

4 [対話完成] 次の対話文が成り立つように，（ ）内の正しいものの記号を選びなさい。(5点×2)

□(1) A : I'll go out tomorrow.　Will it be sunny? 〔徳島〕

　　 B : (ア Yes, it is.　　イ No, it isn't.　　ウ Yes, it will.　　エ No, it won't.) I hear it
　　　 will be rainy and cold tomorrow.

□(2) A : This is a beautiful picture.　Who (ア heard　　イ took　　ウ ate　　エ became) it?

　　 B : Tomoko did when she went to the mountains last summer. 〔千葉〕

5 [適語記入] 2文がほぼ同じ内容になるように，＿＿＿ に適語を書きなさい。(6点×2)

□(1) ┌ There ＿＿＿＿＿＿ a heavy rain last night.
　　　│ 〔郁文館高一改〕
　　　└ It ＿＿＿＿＿＿ heavily last night.

□(2) ┌ The man said, "I am busy now."
　　　│
　　　└ The man said that he ＿＿＿＿＿＿ busy then.

6 [語順整序] 日本文に合うように，（ ）内の語句を並べかえなさい。(6点×3)

□(1) 彼はイタリア滞在中に音楽を学びました。 〔実践学園高〕

　　 He studied (while, music, in, staying, he, Italy, was).

　　 He studied ＿＿＿＿＿＿＿＿＿＿＿＿＿＿＿＿＿＿＿＿＿＿＿.

□(2) お母さん，今日の午後のお天気はどうなりそう？ 〔千葉一改〕

　　 Mom, (be, will, weather, how, the) this afternoon?

　　 Mom, ＿＿＿＿＿＿＿＿＿＿＿＿＿＿＿＿＿＿ this afternoon?

□(3) 私は，彼らがしていたのと同じことをしようとしました。 〔京都〕

　　 I (the same things, they, tried, do, to, were doing).

　　 I ＿＿＿＿＿＿＿＿＿＿＿＿＿＿＿＿＿＿＿＿＿＿＿.

7 [英文和訳] 次の英文を日本語にしなさい。(7点×2)

□(1) I'll tell you how I got this special ball. 〔北海道〕

＿＿＿＿＿＿＿＿＿＿＿＿＿＿＿＿＿＿＿＿＿＿＿＿＿＿＿＿

□(2) Tom thinks lots of car accidents happen because some people don't drive carefully.

〔茨城〕

＿＿＿＿＿＿＿＿＿＿＿＿＿＿＿＿＿＿＿＿＿＿＿＿＿＿＿＿

入試攻略Points

（解答→別冊p.1）

◆次の英文を，（ ）内の指示にしたがって書きかえなさい。

(1) I make a cake with my mother.　（last Sunday を加えた文に）

(2) Kaori read an interesting story to me.　（否定文に）

(3) They didn't eat breakfast this morning.　（肯定文に）

1時間目
2時間目
3時間目
4時間目
5時間目
6時間目
7時間目
8時間目
9時間目
10時間目
11時間目
12時間目
13時間目
14時間目
15時間目
総仕上げテスト

月　日

入試重要度 A B C

名詞・冠詞・代名詞・形容詞・副詞

時　間 **30**分
合格点 **80**点

得点

点

解答 ➡ 別冊 p.2

1 ［適語選択］（　）内の正しいものの記号を選びなさい。（3点×4）

□(1) Look at（ア I　　イ your　　ウ yourself　　エ yours）in the mirror.　〔開成高一改〕

□(2) Last Saturday I went to Hakone with my family and I had a lot of（ア enjoy　　イ fun
ウ great　　エ happy）.　〔栃木〕

□(3) I have a（ア every　　イ some　　ウ few　　エ much）friends in Australia.　〔神奈川〕

□(4) Would you like（ア many sugar　　イ much sugars　　ウ few sugars　　エ some
sugar）for your coffee?　〔穎明館高〕

2 ［適語記入］日本文に合うように，＿＿＿に適語を書きなさい。（4点×4）

□(1) ぼくは自分の時計が好きではない。彼らのがいい。　〔法政大第二高〕
I don't like my watch.　I like _____ better.

□(2) 私は犬を6匹飼っているが，1匹は黒くて，あとは全部白い。　〔東京工業大附属科学技術高〕
I have six dogs.　One is black and _____ _____ are white.

□(3) あれらのバスはたくさんの生徒たちに使われている。　〔茨城一改〕
_____ _____ are used by many students.

□(4) 2たす5は7。50たす50は100。　〔沖縄一改〕
Two and five makes seven.　Fifty and fifty makes one _____.

3 ［適語記入］2文がほぼ同じ内容になるように，＿＿＿に適語を書きなさい。（4点×4）

□(1) { I have never visited that country before.
This will be my _____ visit to that country.　〔大阪教育大附高(平野)〕

□(2) { Do you know his address?
Do you know _____ _____ lives?

□(3) { Is American history interesting to you?
Are you _____ _____ American history?　〔高知学芸高〕

□(4) { There is much snow in winter.
_____ snows much in winter.　〔実践学園高〕

★重要 **4** ［適語記入］次の各組の（　）に共通してあてはまる語を＿＿＿に書きなさい。（4点×2）

□(1) { (　　　) is one of the seven days of the week.
(　　　) comes after Tuesday and before Thursday.　〔岡山〕
_____

□(2) { My friend can (　　　) the piano well.
I often (　　　) baseball with him.　〔岡山〕
_____

6

5 [対話完成] 次の対話文が成り立つように，＿＿＿ に適語を書きなさい。ただし，指定された文字で始まる語を答えること。(4点×5)

☐(1) *A*：What are you going to do this Saturday?　　　　　　　　　〔愛媛一改〕

　　　B：I have n＿＿＿＿ to do this Saturday.

☐(2) *A*：Could you speak a little more s＿＿＿＿?　　　　　　　　　〔島根一改〕

　　　B：Oh.　Did I speak so fast?　I'm sorry.

☐(3) *A*：Who is your f＿＿＿＿ singer?　　　　　　　　　〔法政大第二高〕

　　　B：I love John Lennon.　He was a member of the Beatles.

☐(4) *A*：May I help you?　　　　　　　　　〔福島一改〕

　　　B：Yes, please.　I like this T-shirt, but it's too e＿＿＿＿.　Do you have a cheaper one?

☐(5) *A*：What's wrong?　　　　　　　　　〔岩手〕

　　　B：I can't find my pen.　Can I borrow y＿＿＿＿?

6 [語順整序] 日本文に合うように，（　）内の語を並べかえなさい。(4点×3)

☐(1) 駅まで歩いて 30 分かかります。　　　　　　　　　〔大妻女子大中野女子高一改〕

　　It (hour, an, to, takes, half) the station on foot.

　　It ＿＿＿＿＿＿＿＿＿＿＿＿＿＿＿＿＿＿＿ the station on foot.

☐(2) 彼女の赤ん坊は生後 6 か月です。　　　　　　　　　〔日本第三高〕

　　(months, her, is, baby, old, six).

　　＿＿＿＿＿＿＿＿＿＿＿＿＿＿＿＿＿＿＿＿＿.

☐(3) その時計はいくらするのですか。　　　　　　　　　〔國學院大学久我山高一改〕

　　(watch, how, the, does, much, cost)?

　　＿＿＿＿＿＿＿＿＿＿＿＿＿＿＿＿＿＿＿＿＿?

words　cost「（お金が）かかる」

7 [和文英訳] 次の日本文を英語にしなさい。(8点×2)

☐(1) それらの橋は，私たちの生活にとってとても重要です。　　　　　　　　　〔愛知〕

　　＿＿＿＿＿＿＿＿＿＿＿＿＿＿＿＿＿＿＿＿＿

☐(2) こちらは晴れて，とても暑いです。　　　　　　　　　〔香川〕

　　＿＿＿＿＿＿＿＿＿＿＿＿＿＿＿＿＿＿＿＿＿

words　「橋」bridge　「重要な」important

入試攻略 Points
（解答→別冊p.2）

◆日本文に合うように，（　）内の語を並べかえなさい。

(1)彼女はときどきバスで学校へ行きます。(sometimes, school, she, by, to, goes) bus.

(2)私は土曜日の朝はたいてい家にいます。(am, usually, I, on, home, at) Saturday morning.

1 時間目
2 時間目
3 時間目
4 時間目
5 時間目
6 時間目
7 時間目
8 時間目
9 時間目
10 時間目
11 時間目
12 時間目
13 時間目
14 時間目
15 時間目
総仕上げテスト

入試重要度 A B C

助動詞

時 間 **30**分
合格点 **80**点
解答 ➡ 別冊 pp.2〜3

月　日
得点
点

1 ［適語記入］日本文に合うように，＿＿ に適語を書きなさい。（4点×4）

□(1) この男の人はとても空腹であるにちがいない。

This man _____ be very hungry.

□(2) 私たちはお互いにより理解しあうことができるでしょう。〔奈良〕

We will _____ _____ _____ understand each other better.

□(3) 1時に郵便局の前で会わない？〔成城学園高一改〕

_____ we meet at one o'clock in front of the post office?

□(4) この本は難しすぎて，私には理解することができません。〔関西学院高〕

This book is so difficult that I _____ understand it.

words each other「お互い(に)」

2 ［対話完成］次の対話文が成り立つように，（　）内の正しいものの記号を選びなさい。（4点×2）

□(1) A：(ア Will you help me?　　イ Shall I help you?　　ウ May I use this desk?

　　　エ Did you help me?)〔栃木〕

　　　B：Thank you.　This desk is too heavy.

□(2) A：Mom, you look very busy today.　Shall I make lunch?〔福島〕

　　　B：Thanks, Lisa.　But (ア I can't　　イ you can　　ウ I don't have to　　エ you

　　　don't have to).　I'm going to make lunch.

3 ［適語記入］2文がほぼ同じ内容になるように，＿＿ に適語を書きなさい。（4点×5）

□(1) { Wash your hands before dinner.
　　 You _____ _____ your hands before dinner. 〔成城学園高〕

□(2) { Don't play on the street.
　　 You _____ _____ play on the street. 〔岩倉高〕

□(3) { Do you want me to go with you?
　　 _____ _____ go with you? 〔茨城一改〕

□(4) { You need not finish this work by tomorrow.
　　 You _____ _____ _____ finish this work by tomorrow. 〔関西学院高〕

□(5) { Please tell me more about the person.
　　 _____ _____ tell me more about the person? 〔高知学芸高〕

4 [語順整序] 日本文に合うように，（ ）内の語を並べかえなさい。(5点×5)

□(1) 京都ではどこを訪れたいですか。 〔洛南高一改〕

(in, like, would, places, visit, you, to, what) Kyoto?

_____ Kyoto?

□(2) 昨日，彼は宿題を終えることができませんでした。

He (couldn't, yesterday, finish, homework, his).

He _____ .

□(3) 彼女がそこに着く前に暗くなるでしょう。 〔頴明館高一改〕

(it, she, will, be, arrives, dark, before) there.

_____ there.

□(4) 今回，どんな花を持っていったらよいですか。 〔実践学園高〕

(flowers, bring, kind, I, what, should, of) this time?

_____ this time?

□(5) その川でとれた魚は食べないほうがよい。 〔桐蔭学園高〕

You (fish, better, caught, had, in, eat, not) the river.

You _____ the river.

5 [適語記入] 次の各組の（ ）に共通してあてはまる語を＿＿＿に書きなさい。(5点×2)

□(1) He ( ) be a good speaker of English, because he has lived in England for ten
years. 〔白陵高一改〕
You ( ) be quiet in the library. _____

□(2) I ( ) never give up.
It ( ) be rainy tomorrow. _____

words give up「あきらめる」

6 [和文英訳] 次の日本文を英語にしなさい。(7点×3)

□(1) あなたは次の列車を待つ必要はありません。 〔鳥取一改〕

_____

□(2) 多くの日本人は英語が読めると思います。

_____

□(3) あなたは早く宿題を始めるべきだね。 〔成城学園高一改〕

_____

入試攻略Points
（解答→別冊p.3）

◆次の英文を，それぞれ下線部の違いがわかるように日本語にしなさい。
(1)① You <u>may</u> bring your dog to my house. ② He <u>may</u> come back soon.
(2)① He <u>must</u> go home early today. ② He <u>must</u> be late for school because he got up late.

9

4時間目

入試重要度 A B C

不定詞・動名詞

時 間 **30**分
合格点 **80**点

解答 ➡ 別冊 p.3 〜 4

得点　点

---

1 ［適語選択］（　）内の正しいものの記号を選びなさい。（3点×3）

□(1) Kazuo went to Australia（ア study　　イ studies　　ウ studied　　エ to study）English. 〔沖縄〕

□(2) You should understand that children learn by（ア ask　　イ to ask　　ウ asked　　エ asking）many questions about everything. 〔北海道一改〕

□(3) OPEC in the Middle East stopped（ア send　　イ to send　　ウ sending　　エ sent）oil to Western nations. 〔巣鴨高一改〕

★重要 **2** ［適語記入］2文がほぼ同じ内容になるように，＿＿に適語を書きなさい。（3点×3）

□(1) { I have to do a lot of homework.
　　　I have a lot of homework ＿＿＿＿ ＿＿＿＿. 〔高知学芸高〕

□(2) { Shall we go to the movies tonight?
　　　How ＿＿＿＿ ＿＿＿＿ to the movies tonight? 〔駒込高〕

□(3) { You were kind enough to show me the way.
　　　＿＿＿＿ was kind ＿＿＿＿ you to show me the way. 〔久留米大附高〕

□ **3** ［用法選択］次の文の下線部と同じ用法の不定詞を含むものの記号を下から1つ選びなさい。（4点）

We hope to see you again.

ア I came here to play soccer.
イ He has nothing to do today.
ウ Anna likes to visit Kyoto.

＿＿＿＿

---

4 ［対話完成］次の対話文が成り立つように，（　）内の語句を並べかえなさい。（5点×3）

□(1) A：Hi, Jack.　Where are you now?
　　B：Hi, Aya.　I've just left home.
　　A：OK.　Please（you, let, know, me, when）arrive at the station.
　　Please ＿＿＿＿＿＿＿＿＿＿＿＿＿＿＿＿＿＿＿＿ arrive at the station.

□(2) A：Wow, that sounds very beautiful, Michiko. 〔山形〕
　　B：Thanks, Tom.　（a lot of, piano, is, playing, fun, the）.

　　＿＿＿＿＿＿＿＿＿＿＿＿＿＿＿＿＿＿＿＿＿＿.

□(3) A：Did you enjoy the concert last night? 〔石川〕
　　B：No, I didn't.　I（go, time, had, no, to）.
　　A：I'm sorry to hear that.

　　I ＿＿＿＿＿＿＿＿＿＿＿＿＿＿＿＿＿＿＿＿＿.

5 ［適語記入］日本文に合うように，＿＿＿＿ に適語を書きなさい。(5点×5)

□(1) あなたは自分の部屋を掃除し終えましたか。　　　　　　　　　　　　　〔栃木一改〕

Have you finished _____ your room?

□(2) 日本語を話すことはあなたにとって難しいですか。　　　　　　　　　　〔千葉一改〕

Is it difficult _____ you to speak Japanese?

□(3) 私が生まれる前に，あなたはテニスをし始めました。　　　　　　　　　〔愛媛一改〕

You started _____ tennis before I was born.

□(4) クミコは，美しい夕焼けを見てとてもうれしかったです。　　　　　　　〔広島〕

Kumiko was very glad _____ see the beautiful sunset.

□(5) 彼女は私に学校で何を着るのか教えてくれました。　　　　　　　　　　〔愛知〕

She told me about _____ to wear at school.

6 ［語順整序］日本文に合うように，（　）内の語を並べかえなさい。(6点×4)

□(1) 私が訪れたい国は中国です。　　　　　　　　　　　　　　　　　　　　〔兵庫〕

The country（visit, I, is, to, want）China.

The country _____ China.

□(2) 当時，外国で働くことは簡単ではありませんでした。　　　　　　　　　〔香川一改〕

In those days,（to, was, easy, in, work, not, it）a foreign country.

In those days, _____ a foreign country.

□(3) あなたがパーティーに参加できないと聞いて残念です。　　　　　　　　〔実践学園高〕

I'm（can't, come, sorry, you, that, to, hear）to the party.

I'm _____ to the party.

□(4) 私はこのコンピュータをどうやって使うのかわかりません。　　　　　　〔実践学園高〕

I（know, computer, don't, how, this, to, use）.

I _____ .

7 ［英文和訳］次の英文を日本語にしなさい。(7点×2)

□(1) My father doesn't want me to be a singer.　　　　　　　　　　　　　〔郁文館高〕

_____

□(2) I think eating together is a very good way to know each other better.　〔東京一改〕

_____

入試攻略Points
（解答→別冊p.4）

◆次の英文を下線部に注意して日本語にしなさい。

(1) There are a lot of people <u>swimming</u> in the sea.

(2) I enjoyed <u>swimming</u> in the sea yesterday.

1 時間目
2 時間目
3 時間目
4 時間目
5 時間目
6 時間目
7 時間目
8 時間目
9 時間目
10 時間目
11 時間目
12 時間目
13 時間目
14 時間目
15 時間目
総仕上げテスト

5
時間目

入試重要度 A B C

比　較

時間 **30**分
合格点 **80**点
得点　　　点

解答 ➡ 別冊 p.4

月　日

1 [適語記入] 日本文に合うように，____ に適語を書きなさい。（3点×5）

□(1) 私が利用するバスはすべての中で最も新しい。　　　　　　　　〔茨城〕

The bus I use is the _____ of all.

□(2) あなたが7月にアメリカへ戻ったとき，大阪では最も暑い夏の1日でした。　〔大阪〕

When you went back to America in July, it was one of the _____ summer days in Osaka.

□(3) アンディはケンジより上手にはしを使います。　　　　　　　　〔新潟一改〕

Andy uses chopsticks _____ than Kenji.

□(4) 彼はとても速く話したので，私は彼に「もっとゆっくり話してください。」と言いました。

He spoke too fast, so I said to him, "Please speak _____ _____."　〔神奈川〕

□(5) これは庭で最も美しい花です。　　　　　　　　　　　　　　　〔沖縄〕

This is the _____ _____ flower in the garden.

words chopsticks「はし」

2 [対話完成] 次の対話文が成り立つように，____ に適語を書きなさい。ただし，指定された文字で始まる語を答えること。（3点×2）

□(1) *A* : What is the coldest season?　　　　　　　　　　　　　　〔沖縄一改〕

　　 B : It is w_____.

□(2) *A* : Do you think Japanese is e_____ than English?　　〔山梨〕

　　 B : No, I don't think so.　Japanese is more difficult.

★重要 **3** [適語記入] 2文がほぼ同じ内容になるように，____ に適語を書きなさい。（4点×5）

□(1) { This bridge is not as long as that bridge.
　　　{ This bridge is _____ _____ that bridge.　〔高知学芸高〕

□(2) { This apple is smaller than that one.
　　　{ That apple is _____ than this one.　〔沖縄〕

□(3) { No other subject is as interesting as English to me.
　　　{ English is the _____ interesting subject to me.

□(4) { Tom can swim the fastest in his class.
　　　{ Tom can swim faster _____ any _____ student in his class.　〔駒込高〕

□(5) { What is your favorite TV program?
　　　{ What is the TV program you _____ the _____?　〔高知学芸高〕

4 ［対話完成］次の対話文が成り立つように，（　）内の正しいものの記号を選びなさい。(5点×3)

□(1) *A*：Which do you like better, cats or dogs?　〔徳島〕

　　　B：(ア I like dogs better.　イ I like cats better.　ウ Dogs are better.　エ Cats and dogs.)　So, I have three cats at home.

□(2) *A*：Can you help me with my homework?　〔福島〕

　　　B：Sure.　Is it math homework?

　　　A：Yes.　The last question is (ア difficult　イ as difficult as　ウ more difficult　エ the most difficult) of all.

□(3) *A*：Classical music is (ア more　イ most　ウ less　エ least) popular than rock music among young people.

　　　B：I think so.　Most of my friends aren't interested in classical music.

5 ［語順整序］日本文に合うように，（　）内の語句を並べかえなさい。(7点×4)

□(1) 富士山は日本で最も美しい山々のうちのひとつです。　〔実践学園高〕

　　Mt. Fuji is (beautiful, in, most, mountains, of, one, the) Japan.

　　Mt. Fuji is _____ Japan.

□(2) *A*：あなたの先生は若く見えますね。　*B*：はい，彼は私の兄と同い年です。　〔宮崎一改〕

　　A：Your teacher looks young, doesn't he?

　　B：Yes, he (my brother, as, as, old, is).

　　Yes, he _____ .

□(3) ピーターは見かけほど若くない。　〔国府台女子学院高一改〕

　　(is, young, so, Peter, not) as he looks.

　　_____ as he looks.

□(4) 私たちの学校はあなたの学校の3倍の生徒がいます。　〔郁文館高〕

　　(as, as, has, many, three times, yours, students, our school).

　　_____ .

6 ［和文英訳］次の日本文を英語にしなさい。(8点×2)

□(1) それは日本で最も有名な本のひとつです。　〔鳥取〕

　　_____

□(2) 私の祖母は，私に好きなだけ食べなさいと言いました。　〔桐蔭学園高一改〕

　　_____

入試攻略Points

◆日本文に合うように，____ に適語を書きなさい。

(1)この病院は私たちの市でいちばん大きいですか。

　Is this hospital the biggest _____ our city?

(2)この問題は5つの中でいちばんやさしいです。

（解答→別冊p.4）　This question is the easiest _____ the five.

6 時間目

入試重要度 Ａ **Ｂ** Ｃ

受け身

時 間 **30**分
合格点 **80**点

月　日

得点

点

解答 ➡ 別冊 pp.4〜5

1 ［適語記入］**日本文に合うように，＿＿ に適語を書きなさい。**（3点×5）

□(1) 私たちは田中先生に英語を教わっています。　　　　　　　　　　　　　　〔高知学芸高〕

　　We ＿＿＿＿＿ ＿＿＿＿＿ English by Mr. Tanaka.

□(2) この歌は世界中で知られています。　　　　　　　　　　　　　　　　　　〔千葉一改〕

　　This song ＿＿＿＿＿ ＿＿＿＿＿ all over the world.

□(3) サンドイッチはなくなってしまいました。おなかをすかした犬に食べられてしまいましたから。　　　　　　　　　　　　　　　　　　　　　　　　　　　〔関西学院高〕

　　The sandwich was gone because it was ＿＿＿＿＿ by a hungry dog.

□(4) あの国ではいくつの言葉が話されていますか。　　　　　　　　　　　　　〔高知学芸高〕

　　How many languages ＿＿＿＿＿ ＿＿＿＿＿ in that country?

□(5) 海はたくさんのしずくからできています。　　　　　　　　　　　　　　　〔長野〕

　　The sea is ＿＿＿＿＿ of many drops.

2 ［適語記入］**2文がほぼ同じ内容になるように，＿＿ に適語を書きなさい。**（4点×4）

□(1) { How did they build all the bridges?　　　　　　　　　　　　　〔駒込高〕
　　　How ＿＿＿＿＿ all the bridges ＿＿＿＿＿ ?

□(2) { He will do the work tomorrow.　　　　　　　　　　　　　　　〔近畿大附高〕
　　　The work will ＿＿＿＿＿ ＿＿＿＿＿ by him tomorrow.

□(3) { Spanish isn't spoken in that country.　　　　　　　　　　　　〔帝塚山高〕
　　　＿＿＿＿＿ ＿＿＿＿＿ speak Spanish in that country.

□(4) { We can't see stars in the daytime.　　　　　　　　　　　　　〔大阪教育大附高(平野)〕
　　　Stars can't ＿＿＿＿＿ ＿＿＿＿＿ in the daytime.

words daytime「昼間，日中」

3 ［対話完成］**次の対話文が成り立つように，（ ）内の語を並べかえなさい。**（4点×3）

□(1) *A*：Jiro, my mother and I are learning *ikebana*.　　　　　　　　　〔山形〕

　　B：That's great, Nancy.　In Japan, (learned, by, many, is, people, it).

　　In Japan, ＿＿＿＿＿＿＿＿＿＿＿＿＿＿＿＿＿＿＿＿＿＿＿＿ .

□(2) *A*：Do you know Takumi plays baseball in the U.S.?　　　　　　　　〔宮崎一改〕

　　B：Yes, I (that, to, surprised, hear, was).

　　Yes, I ＿＿＿＿＿＿＿＿＿＿＿＿＿＿＿＿＿＿＿＿＿＿＿＿＿＿ .

□(3) *A*：Was (by, this, letter, long, written) you?　　　　　　　　　　〔千葉〕

　　B：No, my mother wrote it.

　　Was ＿＿＿＿＿＿＿＿＿＿＿＿＿＿＿＿＿＿＿＿＿＿＿＿ you?

4 ［語順整序］日本文に合うように，（　）内の語句を並べかえなさい。（5点×5）

□(1) この時計は日本で売られていますか。

(this, in, sold, watch, is) Japan?

_____ Japan?

□(2) その本は英語で書かれていますか，それともスペイン語でしょうか。〔成城学園高〕

(in, Spanish, written, the book, or, English, is)?

_____ ?

□(3) この美しい花は英語で何と呼ばれていますか。〔立命館高〕

(is, this, called, flower, beautiful, what) in English?

_____ in English?

□(4) 私はパーティーにいたすべての人に笑われました。〔山手学院高一改〕

(by, at, was, laughed, I) all the people at the party.

_____ all the people at the party.

□(5) この写真は，お父さんが撮ったのですか。〔駒込高一改〕

(picture, by, was, your, taken, this) father?

_____ father?

5 ［書きかえ］次の文を受け身の文に書きかえなさい。（6点×3）

□(1) Many people around the world play soccer. 〔神奈川一改〕

_____

□(2) Snow covers the hill. 〔奈良大附高〕

_____

□(3) We can see Mt. Fuji from here.

_____

6 ［英文和訳］次の英文を日本語にしなさい。（7点×2）

□(1) Japanese students usually answered, "I'm fine, thank you.　And you?" when they were asked, "How are you?" 〔千葉一改〕

_____

□(2) Bananas are sent to foreign countries in special ships. 〔土佐高一改〕

_____

入試攻略 Points
（解答→別冊p.5）

◆次の文を受け身の文に書きかえなさい。なお，(1)は（　）内の指示にしたがうこと。
(1) My mother made me a pretty doll.　（a pretty doll を主語にして）
(2) My father named the dog Shiro.

1 時間目
2 時間目
3 時間目
4 時間目
5 時間目
6 時間目
7 時間目
8 時間目
9 時間目
10 時間目
11 時間目
12 時間目
13 時間目
14 時間目
15 時間目
総仕上げテスト

入試重要度 A B C

現在完了

時　間 **30**分
合格点 **80**点
得点 点

月　日

解答 ➡ 別冊 pp.5〜6

1 ［適語記入］日本文に合うように，____ に適語を書きなさい。（3点×4）

□(1) あなたは今までに私の国について聞いたことがありますか。　〔京都一改〕

Have you ever _____ about my country?

□(2) 私は今までの人生で一度もこのようにすばらしい時間を過ごしたことがありません。

I have _____ had a wonderful time like this in my life.　〔愛知〕

□(3) 私は英語を勉強し始めたころからアメリカへ行きたいと思っていました。　〔国立高専一改〕

I've wanted to go to America _____ I started studying English.

□(4) あなたはもう宿題を終えましたか。　〔栃木一改〕

_____ you finished your homework _____?

2 ［対話完成］次の対話文が成り立つように，（　）内の語を並べかえなさい。（3点×3）

□(1) *A*：This lake is very beautiful. (here, have, you, come, ever)?　〔徳島一改〕

B：No, this is my first time.　I wanted to come, but I couldn't until today.

_____?

□(2) *A*：Did you know that Ayumi is in Canada?　〔千葉〕

B：Yes. (been, there, has, studying, English) her dream for many years.

_____ her dream for many years.

□(3) *A*：Would you like some more orange juice?　〔福岡一改〕

B：No, thank you. (have, a, drunk, I, already) lot.

_____ lot.

3 ［適語記入］2文がほぼ同じ内容になるように，____ に適語を書きなさい。（4点×5）

□(1) { I lost my watch.　So I don't have it now.
　　 I _____ _____ my watch.　〔郁文館高〕

□(2) { It began to rain five days ago and it is still raining.
　　 It _____ _____ _____ for five days.　〔灘高〕

□(3) { This is the widest river that I've ever seen.
　　 I have _____ _____ such a wide river.　〔高槻高〕

□(4) { She went to Kyoto in 2000, and again in 2004.
　　 She has _____ to Kyoto _____ since 2000.　〔東京工業大附属科学技術高〕

□(5) { Tom came to Tokyo in 1980 and he still lives here.
　　 Tom _____ _____ in Tokyo since 1980.　〔高知学芸高〕

16

4 ［語順整序］日本文に合うように，（　）内の語句を並べかえなさい。（5点×4）

□(1) 私たちは 8 年前から親友です。　　　　　　　　　　　　　　　　　〔洛南高一改〕

(friends, eight, have, we, years, for, good, been).

_____ .

□(2) あなたは何度，日光に行ったことがありますか。　　　　　　　　　　〔郁文館高〕

(have, many, you, Nikko, how, to, times, been)?

_____ ?

□(3) その赤ちゃんはどのくらいの間眠っていますか。

(the baby, long, sleeping, how, has, been)?

_____ ?

□(4) お久しぶりです。　　　　　　　　　　　　　　　　　　　　　　　〔実践学園高〕

(seen, for, a, you, long, haven't, I, time).

_____ .

□**5** ［誤文選択］次の英文のうち，誤りのあるものの記号を選びなさい。（6点）　〔鎌倉学園高〕

ア He has died more than five years ago.

イ He has been dead for over five years.

ウ It is over five years since his death.　　　　　　　　　　　　　　_____

6 ［英文和訳］次の英文を日本語にしなさい。（6点×2）

□(1) I have been there once.　　　　　　　　　　　　　　　　　　　　　〔奈良〕

_____

□(2) He has been in our class only for three days.　　　　　　　　　　〔灘高一改〕

_____

7 ［和文英訳］次の日本文を英語にしなさい。（7点×3）

□(1) 私はその本を読んだことがありません。　　　　　　　　　　　　　　〔長野〕

_____

□(2) 私は 3 週間以上，ずっと日本にいます。　　　　　　　　　　　　　　〔海城高〕

_____

□(3) 彼のことは彼が子どものころから知っています。　　　　　　　　　〔京都教育大附高〕

_____

入試攻略Points
（解答→別冊p.6）

◆次の英文を，それぞれ下線部の違いがわかるように日本語にしなさい。

(1) Yuri has gone to America to study English.

(2) My father has been to Hokkaido many times.

1 時間目
2 時間目
3 時間目
4 時間目
5 時間目
6 時間目
7 時間目
8 時間目
9 時間目
10 時間目
11 時間目
12 時間目
13 時間目
14 時間目
15 時間目
総仕上げテスト

8 時間目

入試重要度 A **B** C

文　型

時間 **30**分
合格点 **80**点
得点　　点

解答➡別冊 pp.6〜7

1 ［適語記入］日本文に合うように，＿＿＿に適語を書きなさい。（2点×5）

□(1) 私のことをマサと呼んでください。〔山形一改〕

Please ＿＿＿＿＿＿ me Masa.

□(2) あなたのクラスには，かぜをひいている生徒がいますか。〔山形一改〕

＿＿＿＿＿ ＿＿＿＿＿ any students who have a cold in your class?

□(3) それを聞いて彼女の顔が輝いた。〔鳥取〕

That ＿＿＿＿＿ her face bright.

□(4) なぜ彼はそんなに怒っているの。〔昭和学院秀英高一改〕

＿＿＿＿＿ ＿＿＿＿＿ him so angry?

□(5) パーティーの参加者は多いでしょう。

＿＿＿＿＿ ＿＿＿＿＿ be a lot of people at the party.

2 ［対話完成］次の対話文が成り立つように，（　）内の語句を並べかえなさい。（3点×4）

□(1) *A*：Thank you for coming to my concert.〔島根〕

B：It was a wonderful concert.　You（in, nice, that dress, looked）.

You ＿＿＿＿＿＿＿＿＿＿＿＿.

□(2) *A*：I was sad when I read "A Mother's Lullaby."〔福島〕

B：Me, too.　I still remember that（important, taught, the story, me, something）.

I still remember that ＿＿＿＿＿＿＿＿＿＿＿＿.

□(3) *A*：（me, your, show, notebook）, please.〔愛媛〕

B：All right.

＿＿＿＿＿＿＿＿＿＿＿＿, please.

□(4) *A*：Can I borrow this book for a few days?〔宮崎〕

B：Sure.　I hope（will, interesting, find, you, it）.

I hope ＿＿＿＿＿＿＿＿＿＿＿＿.

3 ［適語記入］2文がほぼ同じ内容になるように，＿＿＿に適語を書きなさい。（5点×3）

□(1) I was very happy to get *sembazuru* from my friends then.〔茨城一改〕
Sembazuru from my friends ＿＿＿＿＿ ＿＿＿＿＿ very happy then.

★重要 □(2) His father bought him a new bicycle.〔成城学園高〕
His father bought a new bicycle ＿＿＿＿＿ ＿＿＿＿＿.

★重要 □(3) We have twelve months in a year.〔帝京高〕
＿＿＿＿＿ ＿＿＿＿＿ twelve months in a year.

4 ［語順整序］日本文に合うように，（　）内の語句を並べかえなさい。（6点×7）

□(1) この計画についてのあなたの考えを聞かせてくれませんか。　　　　　　　　　　〔沖縄〕

Can（your, me, give, idea, you）on this plan?

Can _____ on this plan?

□(2) 私がカルガリーに戻るとき，私はあなたに何枚かの写真を送るつもりです。　　〔北海道一改〕

When I come back to Calgary,（you, pictures, some, send, I'll）.

When I come back to Calgary, _____.

□(3) その本には何か面白いことがありますか。　　　　　　　　　　　　　　　　　〔佐賀一改〕

（interesting, there, that book, anything, in, is）?

_____?

□(4) 私は，その大会のために私たちができることはたくさんあると思います。　　　〔秋田〕

I think（we, are, do, there, can, many things）for the festival.

I think _____ for the festival.

□(5) 彼は明日，学校に来ると思いますか。　　　　　　　　　　　　　　　　　　　〔石川一改〕

Do（come, he, think, will, you）to school tomorrow?

Do _____ to school tomorrow?

□(6) 彼らは私たちの町をきれいに保つために通りを掃除します。　　　　　　　　　〔大分一改〕

They clean up the streets（our city, keep, clean, to）.

They clean up the streets _____.

□(7) 彼が何を言っても彼女は怒る。　　　　　　　　　　　　　　　　　　　　　　〔青雲高〕

Everything（mad, makes, he, her, says）.

Everything _____.

5 ［英文和訳］次の英文を日本語にしなさい。（7点×3）

□(1) Her smile made us happy.　　　　　　　　　　　　　　　　　　　　　　　　〔沖縄〕

_____

□(2) What do you call this food in Japanese?　　　　　　　　　　　　　　　　〔愛媛一改〕

_____

□(3) Fishing gives us time to think about ourselves.　　　　　　　　　　　　〔灘高一改〕

_____

words ourselves「私たち自身」

◆日本文に合うように，____ に適語を書きなさい。

入試攻略Points

(1)昨日，図書館にたくさんの生徒がいました。

There _____ many students in the library yesterday.

（解答→別冊p.7）(2)テーブルの下にネコがいます。　There _____ a cat under the table.

月　日

入試重要度 A B C

疑問文・疑問詞

時間 30分
合格点 80点

得点 点

解答⇨別冊 p.7

1 ［対話完成］次の対話文が成り立つように, (　)内の正しいものの記号を選びなさい。(3点×5)

□(1) A：(ア What　イ Who　ウ Whose　エ Which) bike is this?　It's very nice.
B：It's mine.
〔岩手〕

□(2) A：(ア Who　イ Why　ウ Where　エ What) did you have for lunch?
B：I had *goya champuru*.
〔沖縄〕

□(3) A：Excuse me.　I want to go to Shirakawa.　(ア Which　イ Where　ウ When　エ Whose) train should I take?
B：Take the train on Track 2.
〔福島一改〕

□(4) A：(ア Whose　イ Who　ウ What　エ Why) gave you such flowers?
B：Mike did.
〔千葉一改〕

□(5) A：(ア What　イ Why　ウ When　エ How) do you go to school?
B：I usually go by bus.
〔関西学院高一改〕

2 ［適語記入］日本文に合うように, ＿＿＿ に適語を書きなさい。(3点×5)

□(1) あの子どもたちは君のお友達ですよね。
〔駒込高一改〕
Those children are your friends, ＿＿＿＿＿＿ ＿＿＿＿＿＿?

□(2) 私たちはここから駅までどのくらいあるのかわかりません。
〔大阪女学院高一改〕
We don't know ＿＿＿＿＿ far ＿＿＿＿＿ is from here to the station.

□(3) ケンはこのコンピュータの使いかたを知りません。
〔駒込高〕
Ken doesn't know ＿＿＿＿＿ to use this computer.

□(4) ここで昼食をとるのはどうですか。
〔山形〕
＿＿＿＿＿ ＿＿＿＿＿ having lunch here?

□(5) アメリカでは生徒はどこで昼食をとるのですか。
〔愛知一改〕
＿＿＿＿＿ do students eat lunch in America?

3 ［適語記入］2文がほぼ同じ内容になるように, ＿＿＿ に適語を書きなさい。(4点×3)

□(1) { What is the English name of this flower?
＿＿＿＿＿ ＿＿＿＿＿ ＿＿＿＿＿ call this flower in English? }
〔慶應義塾高〕

□(2) { I don't know what time I should start.
I don't know ＿＿＿＿＿ ＿＿＿＿＿ start. }
〔大阪教育大附高(平野)〕

□(3) { My father can play the violin.
My father knows ＿＿＿＿＿ ＿＿＿＿＿ play the violin. }
〔城北高〕

4 ［語順整序］日本文に合うように，（　）内の語句を並べかえなさい。(5点×6)

□(1) マイク，オーストラリアでは夏休みはいつ始まりますか。　〔茨城一改〕

Mike,（start, the summer, when, vacation, does）in Australia?

Mike, ＿＿＿＿＿＿＿＿＿＿＿＿＿＿＿＿＿＿＿＿＿＿＿＿ in Australia?

□(2) あなたは桂浜に何回行ったことがありますか。　〔高知学芸高一改〕

（how, times, to, have, been, many, you）Katsurahama Beach?

＿＿＿＿＿＿＿＿＿＿＿＿＿＿＿＿＿＿＿＿＿ Katsurahama Beach?

□(3) そのレストランがどこにあるかご存知ですか。　〔成城学園高〕

（the, know, is, where, you, do, restaurant）?

＿＿＿＿＿＿＿＿＿＿＿＿＿＿＿＿＿＿＿＿＿＿＿＿＿＿＿＿ ?

□(4) だれからの手紙ですか。　〔佐賀〕

（letter, is, from, who, the）?

＿＿＿＿＿＿＿＿＿＿＿＿＿＿＿＿＿＿＿＿＿＿＿＿＿＿＿＿ ?

□(5) だれがこの絵を描いたのですか。　〔城西大附属川越高〕

Who（this, picture, painted）?

Who ＿＿＿＿＿＿＿＿＿＿＿＿＿＿＿＿＿＿＿＿＿＿＿＿＿＿ ?

□(6) 君は貧乏がどのようなものか知っているかい。　〔茨城一改〕

（is, it, you, like, know, what, do）to be poor?

＿＿＿＿＿＿＿＿＿＿＿＿＿＿＿＿＿＿＿＿＿＿＿＿ to be poor?

words what ～ is like「～がどのようなものか」

5 ［英文和訳］次の英文を日本語にしなさい。(7点×2)

□(1) Why don't you come with me?　〔香川一改〕

＿＿＿＿＿＿＿＿＿＿＿＿＿＿＿＿＿＿＿＿＿＿＿＿＿＿＿＿＿＿

□(2) He understood why this mountain is called Momiji-yama.　〔徳島一改〕

＿＿＿＿＿＿＿＿＿＿＿＿＿＿＿＿＿＿＿＿＿＿＿＿＿＿＿＿＿＿

6 ［和文英訳］次の日本文を英語にしなさい。(7点×2)

□(1) あなたは宿題を終えるのにどのくらいの時間がかかりますか。

＿＿＿＿＿＿＿＿＿＿＿＿＿＿＿＿＿＿＿＿＿＿＿＿＿＿＿＿＿＿

□(2) この図書館には何冊の本がありますか。

＿＿＿＿＿＿＿＿＿＿＿＿＿＿＿＿＿＿＿＿＿＿＿＿＿＿＿＿＿＿

入試攻略Points

（解答→別冊p.7）

◆日本文に合うように，（　）内の語句を並べかえなさい。

(1)彼が何歳だかわかりますか。　Do you know（is, old, he, how）?

(2)私は母が昨日何を買ったのか知りたいです。

（know, my mother, I, what, want, bought, to）yesterday.

1 時間目
2 時間目
3 時間目
4 時間目
5 時間目
6 時間目
7 時間目
8 時間目
9 時間目
10 時間目
11 時間目
12 時間目
13 時間目
14 時間目
15 時間目
総仕上げテスト

10 時間目

入試重要度 Ａ **B** Ｃ

分　詞

時　間 **30**分
合格点 **80**点

解答 ➡ 別冊 p.8

月　　日

得点

点

---

1 ［適語選択］（　）内の正しいものの記号を選びなさい。（3点×4）

□(1) The woman（ア playing　　イ plays　　ウ play　　エ is playing）the piano in the music room is my teacher. 〔栃木〕

□(2) English is the language（ア speak　　イ spoke　　ウ spoken　　エ speaking）all over the world. 〔秋田〕

□(3) I like that blue car（ア make　　イ makes　　ウ made　　エ making）in Japan the best. 〔神奈川一改〕

□(4) The book（ア wrote　　イ written　　ウ writing　　エ to write）by Mr. Murakami is very popular. 〔駒込高〕

2 ［語形変化］日本文に合うように，（　）内の語を正しい形にして ＿＿ に書きなさい。

（3点×4）

□(1) 彼らは雪でおおわれた山を見ました。 〔駒込高一改〕

They looked at the mountain ＿＿＿＿＿＿ with snow.（cover）

□(2) 私はバスの中で近くに座っている友達とよく話します。 〔茨城一改〕

I often talk with my friends ＿＿＿＿＿＿ near me on the bus.（sit）

□(3) あなたは木で鳴いている鳥の名前を知っていますか。 〔神奈川一改〕

Do you know the name of the bird ＿＿＿＿＿＿ in the tree?（sing）

□(4) これらは東京への修学旅行で私の友達が撮った写真です。 〔岩手一改〕

These are the pictures ＿＿＿＿＿＿ by my friend on a school trip to Tokyo.（take）

★重要 **3** ［対話完成］次の対話文が成り立つように，（　）内の語句を並べかえなさい。（4点×4）

□(1) A : Which person is your mother? 〔岩手〕

B : Oh,（an old man, is, with, talking, the woman）my mother.

Oh, ＿＿＿＿＿＿＿＿＿＿＿＿＿＿＿＿＿＿＿＿＿＿ my mother.

□(2) A : What are you doing? 〔愛媛一改〕

B : I'm（by, listening to, sung, a song）a Japanese singer.

I'm ＿＿＿＿＿＿＿＿＿＿＿＿＿＿＿＿＿＿＿＿＿＿ a Japanese singer.

□(3) A : Who is（playing, with, boy, Hanako, over, tennis, that）there? 〔鳥取一改〕

B : You mean the boy with a white cap?

Who is ＿＿＿＿＿＿＿＿＿＿＿＿＿＿＿＿＿＿＿＿＿＿ there?

□(4) A : What are you doing? 〔千葉〕

B : I'm（written, book, by, a, reading）a famous American doctor.

I'm ＿＿＿＿＿＿＿＿＿＿＿＿＿＿＿＿＿＿＿＿＿＿ a famous American doctor.

4 ［適語記入］2文がほぼ同じ内容になるように，＿＿＿に適語を書きなさい。（4点×3）

重要 □(1) { The house which stands over there is my aunt's.
　　　　{ The house ＿＿＿＿＿＿ over there is my aunt's.　　　〔中央大杉並高〕

□(2) { Soseki Natsume wrote this story many years ago.
　　　{ This is the story ＿＿＿＿＿ ＿＿＿＿＿ Soseki Natsume many years ago.　〔立命館高〕

□(3) { I am looking for a young man.　He wears glasses.
　　　{ I am looking for a young man ＿＿＿＿＿ glasses.　〔成城学院高〕

がつく
□**5** ［誤文選択］次の英文のうち，誤りのあるものの記号を選びなさい。（6点）

　ア　Takuya has a dog named Pochi.

　イ　I don't remember that boy talking with my sister.

　ウ　Kanako is a woman known as a good soccer player.

　エ　The girl runs along the street is my sister.　　　　＿＿＿＿＿＿

6 ［語順整序］日本文に合うように，（　）内の語句を並べかえなさい。（7点×4）

□(1) 私は約60年前に撮られたたくさんの写真を見ました。　〔香川一改〕

　I（about, saw, taken, ago, pictures, many, 60 years）.

　I ＿＿＿＿＿＿＿＿＿＿＿＿＿＿＿＿＿＿＿＿＿＿＿＿＿＿＿.

□(2) だれもが愛と平和に満ちた世界に住むことができます。　〔香川一改〕

　Everyone can（world, love, filled, live, with, the, in）and peace.

　Everyone can ＿＿＿＿＿＿＿＿＿＿＿＿＿＿＿＿＿＿ and peace.

□(3) ボブとテニスをしている少女はだれですか。　〔埼玉〕

　Who（girl, the, playing, is, tennis）with Bob?

　Who ＿＿＿＿＿＿＿＿＿＿＿＿＿＿＿＿＿＿＿ with Bob?

□(4) そこで売られているほとんどのものは中古です。　〔香川〕

　Most（there, things, are, the, sold, of）used ones.

　Most ＿＿＿＿＿＿＿＿＿＿＿＿＿＿＿＿＿＿＿ used ones.

7 ［英文和訳］次の英文を日本語にしなさい。（7点×2）

□(1) We see many tourists looking for the church.

　＿＿＿＿＿＿＿＿＿＿＿＿＿＿＿＿＿＿＿＿＿＿＿＿＿＿＿

□(2) A nurse dressed in white came in.　〔日本大第三高〕

　＿＿＿＿＿＿＿＿＿＿＿＿＿＿＿＿＿＿＿＿＿＿＿＿＿＿＿

入試攻略Points
（解答→別冊p.8）

◆（　）内の語を正しい形にして書きなさい。

(1) The boy（play）baseball over there is my brother.

(2) Is this the clock（break）by Tom?

1時間目
2時間目
3時間目
4時間目
5時間目
6時間目
7時間目
8時間目
9時間目
10時間目
11時間目
12時間目
13時間目
14時間目
15時間目
総仕上げテスト

月　　日

入試重要度 A B C

時間 **30**分
合格点 **80**点
得点　　点

11時間目 関係代名詞・接続詞

解答 ➡ 別冊 pp.8 〜 9

1 ［適語選択］（　）内の正しいものの記号を選びなさい。（3点×6）

□(1) This is the park（ア to　　イ has　　ウ because　　エ we）visited two years ago. 〔神奈川〕

□(2) He got up very late,（ア because　　イ as　　ウ though　　エ so）he missed the bus and was late for work. 〔青雲高〕

□(3) This is the highest mountain（ア that　　イ what　　ウ who　　エ when）I have ever seen. 〔大阪女学院高〕

□(4) Mr. Hata loved the animals（ア which is　　イ who lives　　ウ that were　　エ who lived）in the forest. 〔駒込高〕

□(5) Satoshi started playing golf（ア if　　イ when　　ウ that　　エ but）he was seven years old. 〔沖縄〕

□(6) There were cowboy movies, adventure movies, Superman movies and other movies（ア what　　イ which　　ウ who　　エ whose）children like. 〔郁文館高一改〕

2 ［英文結合］次の英文を，関係代名詞を用いて１つの文にしなさい。（3点×4）

□(1) This is a very good story.　It makes everyone happy. 〔高知学芸高〕

_____

□(2) Do you know that man?　He is from Canada.

_____

□(3) A girl sat in front of us.　She was wearing a big hat. 〔駒込高一改〕

_____

□(4) The man has books under his arms.　He is my brother.

_____

3 ［適語記入］２文がほぼ同じ内容になるように，＿＿＿ に適語を書きなさい。（4点×3）

□(1) ⎰ She is the lady with gray hair.
　　⎱ She is the lady _____ _____ is gray. 〔東京工業大附属科学技術高〕

□(2) ⎰ Look at the picture painted by George.
　　⎱ Look at the picture _____ George _____. 〔慶應義塾高〕

□(3) ⎰ The boy living in this house is my eldest brother.
　　⎱ The boy _____ _____ in this house is my eldest brother. 〔郁文館高〕

24

4 ［語順整序］日本文に合うように，（　）内の語句を並べかえなさい。(5点×6)

□(1) 私が韓国で出会った人々は親切でした。　　　　　　　　　　　　　　　〔実践学園高〕

(I, Korea, people, the, were, met, in) nice.

_____ nice.

□(2) サトシは明日のパーティーに来ると思う？　　　　　　　　　　　　　　　〔沖縄〕

Do you (that, come, Satoshi, will, think) to the party tomorrow?

Do you _____ to the party tomorrow?

□(3) テッド，トマトを取りに行ってくれますか。　　　　　　　　　　　　　　〔千葉一改〕

Ted, will (some, get, you, and, go) tomatoes?

Ted, will _____ tomatoes?

□(4) 私はボブがくれた指輪が好きです。　　　　　　　　　　　　　　　　〔成城学園高〕

I (ring, Bob, like, gave, which, the, me).

I _____ .

□(5) 君が探している教会はあの丘の上にあります。　　　　　　　　　　　　　〔駒込高〕

(for, are, you, the church, is, looking, that) on that hill.

_____ on that hill.

□(6) 朝食に関心をもたない人たちがいます。　　　　　　　　　　　　　　　〔愛知一改〕

There are (are, people, in, not, some, interested, who) breakfast.

There are _____ breakfast.

5 ［英文和訳］次の英文を日本語にしなさい。(7点×2)

□(1) There is one thing I want you to remember when you visit other countries.　〔滋賀一改〕

_____

□(2) Nobody will believe a person who breaks his or her promise.　〔洛南高一改〕

_____

6 ［和文英訳］次の日本文を英語にしなさい。(7点×2)

□(1) 君が貸してくれた本はとても便利だったよ。　　　　　　　　　　　　〔白陵高一改〕

_____

□(2) もし明朝7時に起きたら，8時半のバスに間に合いますよ。　　　　　〔青雲高一改〕

_____

words 「便利な」useful 「8時半のバス」the eight-thirty bus 「(電車，バスなどに)間に合う」catch

入試攻略Points
(解答→別冊p.9)

◆次の文中に省略された関係代名詞 that を補うとき，**ア**〜**エ**のどこが適当か，記号を選びなさい。

That white house we can see from here is my uncle's house.
　　　　　ア　　　　イ　　　ウ　エ

1時間目
2時間目
3時間目
4時間目
5時間目
6時間目
7時間目
8時間目
9時間目
10時間目
11時間目
12時間目
13時間目
14時間目
15時間目
総仕上げテスト

12 時間目

前置詞

時　間　**30**分
合格点　**80**点

得点　　点

解答 ➡ 別冊 pp.9〜10

1 ［適語選択］（　）内の正しいものの記号を選びなさい。（3点×6）

□(1) I went to a park with my friend （ア at　イ by　ウ of　エ on） bike.　〔大阪一改〕

□(2) Thank you （ア of　イ in　ウ for　エ under） your letter.　〔大阪〕

□(3) We stayed in Australia （ア during　イ with　ウ about　エ between） the winter vacation.　〔沖縄一改〕

□(4) It's cold （ア by　イ in　ウ without　エ on） a coat.　You should wear your coat.　〔秋田〕

□(5) This picture is the most beautiful （ア in　イ for　ウ with　エ of） all.　〔駒込高〕

□(6) Will you be able to finish the job （ア until　イ at　ウ by　エ since） next Wednesday?　〔青雲高〕

2 ［適語記入］日本文に合うように，＿＿＿ に適語を書きなさい。（3点×4）

□(1) 私の友達のケンは日本語をとても上手に話しますが，彼はカナダの出身です。　〔神奈川一改〕

My friend, Ken, speaks Japanese very well, but he's ＿＿＿＿＿＿ Canada.

□(2) 私は長い間，その木の面倒を見ました。　〔静岡一改〕

I took care ＿＿＿＿＿ the tree for a long time.

□(3) 彼はボランティアとしてアフリカへ行きました。　〔穎明館高一改〕

He went to Africa ＿＿＿＿＿＿ a volunteer.

□(4) ランチタイムは私たちがアイデアを交換するいい機会だと思います。　〔愛知〕

I think lunch time is a good chance ＿＿＿＿＿ us to exchange our ideas.

3 ［対話完成］次の対話文が成り立つように，＿＿＿ に適語を書きなさい。（4点×4）

□(1) *A* : This book is very popular ＿＿＿＿＿ young people.　〔愛媛一改〕

　　B : I didn't know that.　I will read it.

□(2) *A* : When did you move to Osaka City?　〔千葉〕

　　B : I came here ＿＿＿＿＿ 1995.　I have lived in Osaka ＿＿＿＿＿ eight years.

□(3) *A* : I've never seen this.　Is it a Japanese food?　〔愛媛一改〕

　　B : Yes.　We call it *onigiri*.　It is made ＿＿＿＿＿ rice.

□(4) *A* : My parents want to begin walking.　Do you know a good place for walking?　〔群馬〕

　　B : How ＿＿＿＿＿ the park?　My parents enjoy walking there.

4 ［適語記入］2 文がほぼ同じ内容になるように，＿＿ に適語を書きなさい。（5点×2）

□(1)
{ Beethoven's eyes were full of tears.　　　　　　　　　　〔頴明館一改〕
{ Beethoven's eyes were filled ＿＿＿＿＿ tears.

□(2)
{ He ran to school in order to be in time for class.　　　　　〔慶應義塾高一改〕
{ He ran to school because he didn't want to be late ＿＿＿＿＿ class.

5 ［適語記入］次の各組の（　）に共通してあてはまる語を ＿＿ に書きなさい。（5点×3）

□(1)
{ He lives （　　　） a large house.　　　　　　　　　　〔頴明館高〕
{ Let's write a letter （　　　） English.　　　＿＿＿＿＿

□(2)
{ I usually have bread and milk （　　　） breakfast.　　　　〔頴明館高〕
{ I have wanted to go to Hokkaido （　　　） a long time.　＿＿＿＿＿

□(3)
{ What happened （　　　） your right hand?　　　　　　　〔慶応義塾高〕
{ He is two years senior （　　　） me.　　　　＿＿＿＿＿

6 ［用法選択］次の文の下線部と同じ意味の with を含む文の記号を選びなさい。（5点）〔巣鴨高一改〕

When winter comes, some birds migrate to a place <u>with</u> a warmer climate.

ア He is looking for a house <u>with</u> a garden.

イ I can't cut this meat <u>with</u> a knife.

ウ She went out <u>with</u> no hat on.

words migrate「移動する」　climate「気候」

7 ［語順整序］日本文に合うように，（　）内の語句を並べかえなさい。（6点×4）

□(1) 大きなねこがテーブルの上で寝ています。　　　　　　　　〔沖縄一改〕

　A (the table, cat, sleeping, on, is, big).

　A ＿＿＿＿＿＿＿＿＿＿＿＿＿＿＿＿＿＿＿＿＿＿＿.

□(2) 一人の少女が古いピアノの前に座っています。　　　　　　〔頴明館一改〕

　A (girl, piano, an, in, of, sitting, is, old, front).

　A ＿＿＿＿＿＿＿＿＿＿＿＿＿＿＿＿＿＿＿＿＿＿＿.

□(3) その 2 つの間に，違いはありません。　　　　　　　　　　〔千葉一改〕

　(there, no, between, difference, is) the two.

　＿＿＿＿＿＿＿＿＿＿＿＿＿＿＿＿＿＿＿＿ the two.

□(4) 明日の天気はどうなりますか。

　(be, the weather, will, what, like) tomorrow?

　＿＿＿＿＿＿＿＿＿＿＿＿＿＿＿＿＿＿＿＿ tomorrow?

入試攻略Points
（解答→別冊p.10）

◆（　）内の語を正しい形にして書きなさい。

(1) I'm looking forward to (see) you.

(2) I like to (play) the piano.

1 時間目
2 時間目
3 時間目
4 時間目
5 時間目
6 時間目
7 時間目
8 時間目
9 時間目
10 時間目
11 時間目
12 時間目
13 時間目
14 時間目
15 時間目
総仕上げテスト

13 時間目　文構造・仮定法

入試重要度　A **B** C

時間 **30**分
合格点 **80**点

解答 ⇨ 別冊 pp.10〜11

得点　　点

---

1 〔適語記入〕日本文に合うように，＿＿＿に適語を書きなさい。（3点×6）

□(1) 彼が何もかも知っていることに私は驚きました。

I was ＿＿＿＿＿ ＿＿＿＿＿ he knew everything.

□(2) 彼は毎日勉強することが重要だということを私たちに示しました。

He ＿＿＿＿＿ ＿＿＿＿＿ ＿＿＿＿＿ studying every day is important.

□(3) 私が世界で一番のバスケットボール選手ならいいのに。

I ＿＿＿＿＿ I ＿＿＿＿＿ the best basketball player in the world.

□(4) もし私がお金持ちならば，貧しい人々を助けられるだろうに。

If I ＿＿＿＿＿ rich, I ＿＿＿＿＿ help poor people.

□(5) あなたが何を考えているのか教えてほしい。

I want you to tell me ＿＿＿＿＿ ＿＿＿＿＿ are thinking about.

□(6) 彼はきっとその試験に合格するでしょう。

I am ＿＿＿＿＿ ＿＿＿＿＿ will pass the examination. 〔函館ラ・サール高一改〕

□ **2** 〔誤文選択〕次の英文のうち，誤りのあるものの記号を選びなさい。（9点）

ア If it is sunny tomorrow, let's play outside.

イ If I could speak English well, I will travel around the world.

ウ If she were my teacher, I would study math much more.

＿＿＿＿＿

---

3 〔適語記入〕2文がほぼ同じ内容になるように，＿＿＿に適語を書きなさい。（3点×6）

□(1) { I was sad because I couldn't see you.
　　　{ I was sad ＿＿＿＿＿ I couldn't see you.

□(2) { The dog can't learn new tricks because the dog is old.
　　　{ If the dog ＿＿＿＿＿ young, it ＿＿＿＿＿ learn new tricks. 〔開成高一改〕

□(3) { He said to us, "When will you leave Narita?
　　　{ He ＿＿＿＿＿ us ＿＿＿＿＿ ＿＿＿＿＿ ＿＿＿＿＿ leave Narita. 〔久留米大附高一改〕

□(4) { I said to you, "The place is dangerous."
　　　{ I ＿＿＿＿＿ you ＿＿＿＿＿ the place was dangerous.

□(5) { Our teacher told us which book to read.
　　　{ Our teacher told us ＿＿＿＿＿ book we ＿＿＿＿＿ read.

差がつく □(6) { I'll ask him Mary's birthday.
　　　{ I'll ask him ＿＿＿＿＿ Mary was ＿＿＿＿＿.

4 ［語順整序］日本文に合うように，（ ）内の語句を並べかえなさい。(5点×5)

□(1) それがまだ使えてよかったです。 〔埼玉一改〕

I（glad, still, could, was, we, that, use）it.

I ＿＿＿＿＿＿＿＿＿＿＿＿＿＿＿＿＿＿＿＿＿＿＿＿＿＿ it.

□(2) 彼はそのとき，ベンはカナダにいるのだと私に言いました。

（in, told, that, was, Canada, me, Ben, he）then.

＿＿＿＿＿＿＿＿＿＿＿＿＿＿＿＿＿＿＿＿＿＿＿＿＿＿ then.

□(3) ホワイト先生がもっと日本に滞在できたらなあ。

（Mr. White, I, stay, wish, in Japan, could）more.

＿＿＿＿＿＿＿＿＿＿＿＿＿＿＿＿＿＿＿＿＿＿＿＿＿＿ more.

□(4) あなたはきっとそこで楽しく過ごすでしょう。

（sure, time, a, I'm, have, you, good, will）there.

＿＿＿＿＿＿＿＿＿＿＿＿＿＿＿＿＿＿＿＿＿＿＿＿＿＿ there.

□(5) あなたが何をできるのか見せていただけますか。

（what, show, could, can, me, do, you, you）?

＿＿＿＿＿＿＿＿＿＿＿＿＿＿＿＿＿＿＿＿＿＿＿＿＿＿ ?

5 ［英文和訳］次の英文を日本語にしなさい。(5点×3)

□(1) She was angry that he was thirty minutes late.

＿＿＿＿＿＿＿＿＿＿＿＿＿＿＿＿＿＿＿＿＿＿＿＿＿＿

□(2) If you met a famous person, what would you do?

＿＿＿＿＿＿＿＿＿＿＿＿＿＿＿＿＿＿＿＿＿＿＿＿＿＿

□(3) My teacher asked me who broke the window.

＿＿＿＿＿＿＿＿＿＿＿＿＿＿＿＿＿＿＿＿＿＿＿＿＿＿

6 ［和文英訳］次の日本文を英語にしなさい。(5点×3)

□(1) あなたがどちらのイベントに参加したいかを私に教えてください。

＿＿＿＿＿＿＿＿＿＿＿＿＿＿＿＿＿＿＿＿＿＿＿＿＿＿

□(2) もし私が暇ならば，あなたと一緒に行けるだろうに。

＿＿＿＿＿＿＿＿＿＿＿＿＿＿＿＿＿＿＿＿＿＿＿＿＿＿

□(3) その部屋にたくさん人がいることに，私は驚きました。

＿＿＿＿＿＿＿＿＿＿＿＿＿＿＿＿＿＿＿＿＿＿＿＿＿＿

入試攻略Points

◆日本文に合うように，＿＿＿ に適語を書きなさい。

(1)もし時間があれば，あなたをたずねます。

　　If I ＿＿＿＿＿ time, I ＿＿＿＿＿ visit you.

(2)私に時間があれば，あなたをたずねるだろうに。

（解答→別冊p.11）　　If I ＿＿＿＿＿ time, I ＿＿＿＿＿ visit you.

1 時間目
2 時間目
3 時間目
4 時間目
5 時間目
6 時間目
7 時間目
8 時間目
9 時間目
10 時間目
11 時間目
12 時間目
13 時間目
14 時間目
15 時間目
総仕上げテスト

入試重要度 A **B** C

連 語

1 [適語記入] 日本文に合うように，＿＿＿ に適語を書きなさい。（3点×5）

□(1) ジョンとメアリーは学校へ行く途中で先生に会いました。　　　　〔駒込高〕

John and Mary met their teacher ＿＿＿＿＿＿ their ＿＿＿＿＿＿ to school.

□(2) 最初，私にはそれがうまくできなかった。　　　　〔法政大第二高〕

＿＿＿＿＿＿ ＿＿＿＿＿＿, I couldn't do it well.

□(3) 私は今日，初めて万里の長城を訪れました。　　　　〔香川一改〕

Today I visited the Great Wall ＿＿＿＿＿＿ the first time.

□(4) 寒くなっています。どうか体に気をつけてください。　　　　〔大阪女学院高一改〕

It's getting cold.　Please take ＿＿＿＿＿＿ of yourself.

□(5) 私は英語が得意ではないので，教えてください。　　　　〔富山〕

Please teach me English because I'm not ＿＿＿＿＿＿ ＿＿＿＿＿＿ it.

2 [対話完成] 次の対話文が成り立つように，＿＿＿ に適語を書きなさい。ただし，指定された文字で始まる語を答えること。（4点×3）

□(1) *A* : Hello.　Can I speak to Mr. Green, please?　　　　〔広島大附高一改〕

B : I'm sorry.　He's out right now.　Can I take a m＿＿＿＿＿＿?

□(2) *A* : Ms. Saito, can I use your bike?　　　　〔島根一改〕

B : Yes, of c＿＿＿＿＿＿.　I don't need it today.

□(3) *A* : I don't know what this word means.　Can I use your dictionary?　　〔愛媛〕

B : Yes, you can.　H＿＿＿＿＿＿ you are.

A : Thank you.

3 [対話完成] 次の対話文が成り立つように，（　）内の語を並べかえなさい。（5点×3）

□(1) *A* : When shall we leave here tomorrow morning?　　　　〔千葉〕

B : At nine.　So, we (to, up, don't, get, have) so early.

So, we ＿＿＿＿＿＿＿＿＿＿＿＿＿＿＿＿＿＿＿＿＿＿＿＿＿＿＿＿＿ so early.

□(2) *A* : Did you enjoy the school festival, Ken?　　　　〔山形〕

B : Yes.　We (time, a, very, had, good) at it.

We ＿＿＿＿＿＿＿＿＿＿＿＿＿＿＿＿＿＿＿＿＿＿＿＿＿＿＿＿＿ at it.

□(3) *A* : Which (like, you, country, would) to visit?　　　　〔愛媛〕

B : Australia.　I want to go to China, too.

Which ＿＿＿＿＿＿＿＿＿＿＿＿＿＿＿＿＿＿＿＿＿＿＿＿＿＿＿＿＿ to visit?

4 ［適語記入］ 2文がほぼ同じ内容になるように，＿＿＿ に適語を書きなさい。（5点×4）

重要 □(1)
- That hat was too small to wear.
- That hat was so small _____ I _____ wear it.

〔駒込高〕

□(2)
- He helped me a lot, and I helped him, too.
- He and I helped _____ _____.

〔東京工業大附属科学技術高〕

□(3)
- This ball-point pen isn't the same as that one.
- This ball-point pen is _____ _____ that one.

〔慶應義塾高〕

□(4)
- Mike told me the good news, so I was glad.
- I was glad _____ _____ the good news from Mike.

〔高知学芸高〕

5 ［語順整序］ 日本文に合うように，（ ）内の語句を並べかえなさい。（6点×4）

□(1) あなたは日本の文化に興味がありますか。　　　　　　　　　　〔沖縄一改〕

Are (interested, Japanese, you, in, culture)?

Are _____?

□(2) 私は先週，京都でオーストラリアの学生と友達になりました。　〔実践学園高〕

(I, friends, with, in, made, Australian student, an) Kyoto last week.

_____ Kyoto last week.

□(3) ユーモアを交えてスピーチを始めてみたらいかがですか。　　　〔群馬〕

(you, start, why, your, with, don't, speech) some humor?

_____ some humor?

差がつく □(4) 今，私はチームを強くするためのことは一生懸命に練習することだけでなく，意見を交換することでもあるとわかっています。　〔東京都立国立高一改〕

Now I know that the things to make our team strong (also, practicing hard, only, exchanging ideas, are, but, not).

Now I know that the things to make our team strong _____ _____.

6 ［和文英訳］ 次の日本文を（ ）内の語を使い，英語にしなさい。（7点×2）

□(1) 私は水が1杯ほしいです。（want）　　　　　　　　　　　　　〔高知学芸高一改〕

_____

□(2) 駅の前で会いましょうか。（shall）　　　　　　　　　　　　　〔栃木一改〕

_____

入試攻略Points

◆日本文に合うように，＿＿＿ に適語を書きなさい。

(1)私は大好きな歌手と握手したいです。

I want to shake _____ with my favorite singer.

(2)私の兄は学校へ行くために電車を乗りかえます。

（解答→別冊pp.11～12）　My brother changes _____ to get to school.

1時間目
2時間目
3時間目
4時間目
5時間目
6時間目
7時間目
8時間目
9時間目
10時間目
11時間目
12時間目
13時間目
14時間目
15時間目
総仕上げテスト

入試重要度 A B C

会話表現

時　間
30分
合格点
80点

得点

点

解答 ➡ 別冊 p.12

---

1 ［適語記入］日本文に合うように，＿＿＿ に適語を書きなさい。（4点×4）

□(1) 疲れているようですが。どうしたのですか。　　　　　　　　　　　　〔島根一改〕

You look tired. ＿＿＿＿＿＿ wrong?

□(2) いらっしゃいませ。　　　　　　　　　　　　　　　　　　　　　　　〔北海道一改〕

May I ＿＿＿＿＿＿ you?

□(3) *A*：家族に夕食を作らなければいけません。母が病気です。　*B*：それはお気の毒に。

A：I have to make dinner for my family.　My mother is sick.

B：That's ＿＿＿＿＿＿ ＿＿＿＿＿＿.

□(4) *A*：すみません。ここに座ってもいいですか。　*B*：いいですよ。　　　〔長野一改〕

A：＿＿＿＿＿＿ me.　May I sit here?　*B*：Sure.

---

2 ［対話完成］次の対話文が成り立つように，（　）内の正しいものの記号を選びなさい。（5点×6）

□(1) *A*：Do you have time?　（**ア** May I ask you a question?　　**イ** I have looked for it for a long time.　　**ウ** Could you tell me the way to the station?　　**エ** Would you like to come with me?）　　　　　　　　　　　　　　　　　　　〔沖縄一改〕

B：Well, go straight and turn left at the second corner.　It's on your right.

□(2) *A*：Hi, Bob.　How's（**ア** nothing　**イ** another　**ウ** everything　**エ** some)?

B：Well, I was sick in bed last week.　But I feel better today.　　　　〔福島〕

□(3) *A*：I found a new restaurant.（**ア** How about you?　　**イ** May I come in?　　**ウ** Shall we go?　　**エ** What did you find?）　　　　　　　　　　　　　　〔栃木〕

B：All right.　I like to go to new restaurants.

□(4) *A*：Hello.　This is Lisa.　May I speak to Mike, please?　　　　　　　〔福島一改〕

B：I'm sorry, he's out.　Would you like to leave a message?

A：（**ア** No, I'll call back later.　　**イ** Yes, I will leave for school.　　**ウ** OK, see you then.　　**エ** When will you come back?）　Thank you.

□(5) *A*：Do you think she likes *sushi*?　　　　　　　　　　　　　　　　〔栃木〕

B：（**ア** All right.　　**イ** That's a good idea.　　**ウ** I don't think so.　　**エ** Oh, you like it.）

□(6) *A*：Do you want some apple juice?　　　　　　　　　　　　　　　〔栃木〕

B：（**ア** Yes, you do.　　**イ** No, thank you.　　**ウ** No, nothing special.　　**エ** Yes, there are.）

3 ［誤文選択］対話の続きとして**不適切**なものを下から選び，記号を選びなさい。（6点×2）

□(1) *A* : I'm afraid I was not much help.　　　　　　　　　　　〔甲陽学院高一改〕

　　B : ＿＿＿＿＿

　ア Oh, you were.　　　　**イ** Oh, you did your best.

　ウ I can't, either.　　　　**エ** Thank you, anyway.

□(2) *A* : My bike was stolen yesterday.　　　　　　　　　　　　〔甲陽学院高〕

　　B : ＿＿＿＿＿

　ア Oh, was it?　　　　　**イ** Oh, really?

　ウ Oh, did you?　　　　**エ** Oh, that's too bad!

words was stolen「盗まれた」

4 ［対話完成］次の各対話文が成り立つように，（　）にあてはまるものを下から選び，それぞれ記号を ＿＿＿ に書きなさい。（6点×5）　　　　　　　　　　　　　　　　〔愛光高〕

□(1) *A* : I want to drive this car next week.　*B* :（　）We can't fix it in a week.

□(2) *A* : Did you brush your teeth?

　　B :（　）I can stay up because it's the weekend.

□(3) *A* : Can I use your dictionary?　*B* :（　）It's on my desk.

□(4) *A* : Why don't we go and watch the baseball game?

　　B :（　）I'm a baseball fan.

□(5) *A* : How's your new job?　*B* :（　）Everyone at the office is nice to me.

　ア Sounds good.　　　**イ** Give it a try.　　　**ウ** Not yet.

　エ Help yourself.　　　**オ** So far so good.　　**カ** No kidding.

　　　　　　(1)＿＿＿＿　(2)＿＿＿＿　(3)＿＿＿＿　(4)＿＿＿＿　(5)＿＿＿＿

5 ［条件作文］次の対話文が成り立つように，＿＿＿ に適切な英文を書きなさい。（6点×2）

□(1) *A* : Happy birthday!　This is a present for you.　　　　　　〔徳島一改〕

　　B : Thank you.　＿＿＿＿＿＿＿＿＿＿＿＿＿＿＿＿＿＿＿＿＿＿

　　A : Sure.　I hope you'll like it.

□(2) *A* : It's very hot in this room, isn't it?　　　　　　　　　　〔甲陽学院高〕

　　B : ＿＿＿＿＿＿＿＿＿＿＿＿＿＿＿＿＿＿＿＿＿＿＿＿＿＿＿＿

　　A : Yes, please.

入試攻略Points　　◆次の対話文で省略されている語句を補いなさい。

(1) *A* : Ken passed the exam.　*B* : Oh, did he?

　　B : Oh, did he ＿＿＿＿＿＿＿＿＿＿＿＿＿＿＿＿＿＿＿？

(2) *A* : I can't drive a car.　*B* : Can't you?

（解答→別冊p.12）　*B* : Can't you ＿＿＿＿＿＿＿＿＿＿＿＿＿＿＿＿＿＿？

1 時間目
2 時間目
3 時間目
4 時間目
5 時間目
6 時間目
7 時間目
8 時間目
9 時間目
10 時間目
11 時間目
12 時間目
13 時間目
14 時間目
15 時間目 総仕上げテスト

総仕上げテスト ①

時間 **40**分
合格点 **80**点
得点　　点
解答 ➡ 別冊 pp.12〜13

1 （　）内の正しいものの記号を選びなさい。(2点×6)

□(1) How（ア long　イ far　ウ old　エ often）is it from here to the station?　〔栃木〕

□(2) My grandfather（ア died　イ was dead　ウ has been dead　エ is dying）for five years.　〔穎明館高〕

□(3) I did not know the news（ア either　イ until　ウ by　エ while）I turned on the radio this morning.　〔青雲高〕

□(4)（ア Could　イ Were　ウ Have　エ When）you tell me the way to the station?　〔神奈川〕

□(5) Maria can ski（ア good　イ well　ウ better　エ best）than Sally.　〔栃木〕

□(6) He is the first student（ア that　イ which　ウ and　エ when）I made friends with in high school.　〔青雲高〕

2 次の英文が成り立つように，＿＿＿に適語を書きなさい。ただし，指定された文字で始まる語を答えること。(2点×2)

□(1) A : I have been to Nagoya once.　It's a great city.　Have you been there, John?
　　B : Yes, I have visited there three t_____.　〔山形一改〕

□(2) I didn't eat breakfast this morning, so I'm very h_____ now.　I want to eat something.　〔高知〕

3 2文がほぼ同じ内容になるように，＿＿＿に適語を書きなさい。(2点×6)

□(1) { Who is your English teacher?
　　{ Who _____ you English?　〔成城学園高〕

□(2) { Do you want me to open the door?
　　{ _____ _____ open the door?　〔成城学園高〕

□(3) { Takeshi is five years old.　Keiko is three years old.
　　{ Keiko is _____ than Takeshi.

□(4) { I went to bed early last night because I was very tired.
　　{ I was _____ tired _____ I went to bed early last night.　〔駒込高〕

□(5) { Can you help me?
　　{ Can you _____ me a hand?

□(6) { Get up at once, or you'll be late.
　　{ _____ you _____ get up at once, you'll be late.　〔立教新座高一改〕

4 日本文に合うように，（　）内の語句を並べかえなさい。(4点×7)

□(1) 電車に犬を連れてきても大丈夫ですか。　　　　　　　　　　　　　　〔広島〕

Is (right, dog, bring, it, to, all, a) into a train?

Is _____ into a train?

□(2) 最初に訪れたとき，私は何と言えばいいかわかりませんでした。　　〔長野〕

On my first visit, (I, say, know, to, what, didn't).

On my first visit, _____ .

□(3) それはアメリカの女性によって書かれたすばらしい本です。　　　　〔滋賀〕

It is (book, woman, wonderful, a, an, American, by, written).

It is _____ .

□(4) 何か冷たい飲み物をくれませんか。　　　　　　　　　　　　　〔駒込高一改〕

Will (drink, give, something, to, cold, me, you)?

Will _____ ?

□(5) 新聞には，今夜雪が降ると出ています。　　　　　　　　　　　　〔清風高〕

The paper (snow, says, it, this, will, that) evening.

The paper _____ evening.

□(6) このバスで空港まで行けます。　　　　　　　　　　　　　　　　〔明星高〕

This (bus, to the airport, take, you, will).

This _____ .

□(7) 宿題を手伝おうか。　　　　　　　　　　　　　　　　　　　　　〔青雲高〕

Do (your homework, me, with, want, you, help, to, you)?

Do _____ ?

5 次の英文を日本語にしなさい。(4点×2)

□(1) There is one thing I have to tell you.　　　　　　　　　　　〔駒込高一改〕

_____

□(2) He told the girl what the moonlight was like.　　　　　　　〔穎明館高〕

_____

6 次の日本文を英語にしなさい。(3)は(　)内の語を使うこと。(4点×3)

□(1) ほかの人々のためによいことをするのは大切です。　　　　　　　〔愛媛〕

_____

□(2) 私たちは，来月その新聞をあなた方にお見せします。　　　　　　〔愛媛〕

_____

□(3) あなたはこの町に住んでいる私の祖母に会ったことがありません。(living)　〔成城学園高〕

_____

1時間目
2時間目
3時間目
4時間目
5時間目
6時間目
7時間目
8時間目
9時間目
10時間目
11時間目
12時間目
13時間目
14時間目
15時間目
総仕上げテスト

7 次の英文を読んで，あとの問いに答えなさい。（4点×6）

〔福岡—改〕

Tom is staying with Akira's family.　One Sunday morning, Tom and Akira go to Yuka's house.

Akira：Yuka, I would like to introduce my friend, Tom.　He is from America.

Tom　：Hello, I'm Tom.　Nice to meet you, Yuka.

Yuka：Hello, Tom.　I'm Yuka.　Nice to meet you, too.

Akira：Tom has stayed at my house since last Wednesday.

Yuka：Oh, really?　　A

Tom　：New York.　It's one of the biggest cities in America.　<u>Yuka, (are, you, what, know, do) about New York?</u>

Yuka：I know there are Japanese *professional baseball players in New York.

Tom　：　B　　They are very popular there.

Akira：They played baseball very hard in Japan and wanted to play in America for a long time.　I think they are happy now because their dreams *have come true.

Yuka：I think so, too.

Tom　：　C

Yuka：Yes, I want to work in a foreign country *in the future.　So I'm now studying English very hard.　I hope I'll use English for my work.　How about you, Akira?

Akira：　D

Tom　：I see, but I think having a dream is very important.　If you have one, you can study or work hard for it.

Akira：You're right.　I think I should have a　　E　　.　I'll try to think about my future.

words　professional「プロの」　have come true「実現した」　in the future「将来」

□(1) 本文中の　A　～　D　に，会話の内容から考えて最もよくあてはまるものを，次から1つずつ選びなさい。　A_____　B_____　C_____　D_____

　ア You can answer my question.　　**イ** That's right.

　ウ Well, do you have a dream?　　**エ** Where are you going?

　オ Where are you from in America?　**カ** I don't know what I want to do.

　キ Visiting Japan is a lot of fun.　　**ク** Do you want to work in Japan?

□(2) 本文中の下線部の意味がとおるように，（　）内から4語を選び，正しい語順に並べかえなさい。　　Yuka,_____ about New York?

□(3) 本文中の　E　に，会話の内容から考えて最もよくあてはまる1語を，本文中からそのまま抜き出して書きなさい。

総仕上げテスト ②

解答 ➡ 別冊 pp.13 ～ 14

1 （　）内の語を正しい形にして ____ に書きなさい。（2点×6）

□(1) If we use our telephone, we can easily talk with a friend who _____ far away. （be）
〔愛知―改〕

□(2) We were _____ when we found the picture. （surprise）　〔群馬―改〕

□(3) Thank you for _____ me. （invite）　〔沖縄―改〕

□(4) We have been _____ for Keiko for ten minutes. （wait）

□(5) The third person is a girl _____ in Jharkhand, India. （live）　〔愛媛―改〕

□(6) It's the _____ house in this city. （old）　〔山口〕

2 次の対話文が成り立つように，（　）内の語句を並べかえなさい。（3点×3）

□(1) A : I like this cake.　Where did you buy it?　〔千葉〕
　　 B : I made it myself.　To be a chef (of, dreams, my, one, is).
　　 To be a chef _____.

□(2) A : Why do you like the book?　〔神奈川―改〕
　　 B : Because it (written, the, eyes, through, is) of a little dog.
　　 Because it _____ of a little dog.

□(3) A : I went to Kyoto, Osaka, and Hiroshima last month.　〔山形〕
　　 B : Did you?　I think Kyoto (three, the most, of, is, the, popular) cities.
　　 I think Kyoto _____ cities.

3 2文がほぼ同じ意味になるように， ____ に適語を書きなさい。（3点×6）

□(1) { She didn't say a word and went away.　〔実践学園高〕
　　　 { She went away _____ _____ a word.

□(2) { There was no food in the fridge.　〔城北高〕
　　　 { There was _____ _____ eat in the fridge.

□(3) { Kana helped me with my homework.
　　　 { Kana helped me _____ my homework.

□(4) { Nana became happy when she heard Ken's words.　〔法政大第二高〕
　　　 { Ken's words _____ Nana _____.

□(5) { I can't read the book because I don't have time.
　　　 { _____ I _____ time, I could read the book.

□(6) { The movie was so difficult that we couldn't understand it.　〔中央大附高―改〕
　　　 { The movie was _____ difficult for us _____ understand.

4 次の各組の（　）に共通してあてはまる語を ＿＿＿ に書きなさい。(3点×4)

□(1) You should always believe your dream will （　　　） true.　　　〔愛光高〕
　　 The Gardners are not British.　They （　　　） from Australia.　　＿＿＿＿＿＿

□(2) February is the （　　　） month of the year.　　　〔法政大第二高〕
　　 I'll be ready in a （　　　）.　　＿＿＿＿＿＿

□(3) Are you （　　　） for your cap?　I saw it under the chair.
　　 I'm （　　　） forward to seeing you.　I can't wait!　　＿＿＿＿＿＿

□(4) I hear you will go back to your country.　I'll （　　　） you.
　　 Hurry up, or we'll （　　　） the train!　　＿＿＿＿＿＿

5 次の対話文が成り立つように，（　）内の正しいものの記号を選びなさい。(3点×5)

□(1) A : Hi, Shota.　（ア　Where are you from?　　イ　Why are you so excited?　　ウ　Which
　　　　 is your room?　　エ　What are you going to do?）　　〔富山〕
　　 B : I talked with our new ALT.　He's nice!

□(2) A : Hey, Mike.　Our baseball team got the trophy.　　〔福島〕
　　 B : Really?　（ア　Guess what!　　イ　You are welcome.　　ウ　I'm sorry to buy that.
　　　　 エ　What a surprise!）

□(3) A : I want to go to this park.　Where am I on this map?　　〔徳島〕
　　 B : Let's see.　（ア　I don't know where it is.　　イ　I should go down this street.
　　　　 ウ　You can ask anyone else.　　エ　We are near this temple.）　It takes only five
　　　　 minutes from here.

□(4) A : （ア　How do you usually　　イ　Where do you often　　ウ　How many times do
　　　　 you usually　　エ　Why do you often） try to learn English words?　　〔千葉〕
　　 B : When I find a difficult English word, I usually look it up in an English-Japanese
　　　　 dictionary and write the Japanese meaning in my notebook.

□(5) A : Excuse me.　（ア　Can I use this seat?　　イ　Here's your ticket.　　ウ　It's
　　　　 important for me to go there.　　エ　What can I do for you?）　　〔北海道〕
　　 B : I'm sorry my friend is coming soon.

6 次の日本文を英語にしなさい。(4点×3)

□(1) この博物館はおもしろそうに見えます。　　〔愛媛〕

＿＿＿＿＿＿＿＿＿＿＿＿＿＿＿＿＿＿＿＿＿＿＿＿＿＿＿＿＿＿＿＿＿＿＿＿

□(2) 私はそのことについて一度も聞いたことがありませんでした。　　〔山梨〕

＿＿＿＿＿＿＿＿＿＿＿＿＿＿＿＿＿＿＿＿＿＿＿＿＿＿＿＿＿＿＿＿＿＿＿＿

□(3) 私は異なる言語を話している多くの人々を見ました。　　〔香川〕

＿＿＿＿＿＿＿＿＿＿＿＿＿＿＿＿＿＿＿＿＿＿＿＿＿＿＿＿＿＿＿＿＿＿＿＿

1 時間目
2 時間目
3 時間目
4 時間目
5 時間目
6 時間目
7 時間目
8 時間目
9 時間目
10 時間目
11 時間目
12 時間目
13 時間目
14 時間目
15 時間目
総仕上げテスト

7 博（Hiroshi）が書いた次の英文を読んで，あとの問いに答えなさい。　　〔岐阜〕

I made *okonomiyaki* with my mother last week.　While we were cooking, she said, "Do you think *okonomiyaki* is Japanese food?"　I answered, "Of course!"　Then she said, "You are right, but some of the *ingredients come from other countries.　For example, the *pork and the *shrimps that we're using now are *imported from overseas.　We depend on foreign countries for a lot of ingredients."　Then I remembered the word '*food self-sufficiency rate'.　I learned at school that Japan's food self-sufficiency rate is less than half.

Then, where does the food we eat come from?　Look at the two *graphs first.　You can see that we import pork and shrimps from these countries.　The left graph shows that about half of pork is imported from America and Canada.　When you look at the right graph, you can see shrimps come from some countries in Asia.　I was surprised that we import them from so many different countries.

Now look at the *table.　This is about the food self-sufficiency rate of four countries in 1963 and 2013.　You can see that the food self-sufficiency rate of Canada is the highest both in 1963 and 2013.　And in 2013, the rate of France and America is about the same, though the rate of America is higher than the rate of France in 1963.　When you compare the rate in 1963 and 2013, only the rate of Japan gets smaller from 1963 to 2013.　The table shows that Japan imported about 60% of food from foreign countries in 2013.　If we cannot import any food, we may have a difficult time.

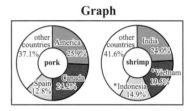

Graph

I thought *okonomiyaki* was 'Japanese' food.　But you can also say it is '(　①　)' food.　I guess there are many other things we import.　So when you go to a supermarket next time, why don't you check where they come from?

Table

Country	1963	2013
A	161%	264%
B	120%	130%
C	98%	127%
D	72%	39%

words　ingredient「材料」　pork「豚肉」　shrimp「エビ」　import「輸入する」
food self-sufficiency rate「食料自給率」　graph「グラフ」　Vietnam「ベトナム」
Indonesia「インドネシア」　table「表」

□(1) Table の ⬚ C ⬚ に入る最も適切なものを**ア～エ**から１つ選びなさい。（7点）

　　ア America　　**イ** Canada　　**ウ** France　　**エ** Japan　　_____

□(2) 本文中の（　①　）に入る最も適切なものを，**ア～エ**から１つ選びなさい。（7点）

　　ア delicious　　**イ** expensive　**ウ** fast　　　**エ** international　　_____

□(3) 本文の内容に合っているものを**ア～エ**から１つ選びなさい。（8点）　　_____

　　ア Hiroshi found that Japan imports pork and shrimps from many different countries.

　　イ Hiroshi learned about 'food self-sufficiency rate' from his mother.

　　ウ The right graph shows that we import about half of shrimps from Vietnam.

　　エ The table shows the percentage of pork and shrimps that the four countries import.

試験における実戦的な攻略ポイント5つ

① **問題文をよく読もう！**

問題文をよく読み，意味の取り違えや読み間違いがないように注意しよう。

選択肢問題や計算問題，記述式問題など，解答の仕方もあわせて確認しよう。

② **解ける問題を確実に得点に結びつけよう！**

解ける問題は必ずある。試験が始まったらまず問題全体に目を通
し，自分の解けそうな問題から手をつけるようにしよう。

くれぐれも簡単な問題をやり残ししないように。

③ **答えは丁寧な字ではっきり書こう！**

答えは，誰が読んでもわかる字で，はっきりと丁寧に書こう。

せっかく解けた問題が誤りと判定されることのないように注意しよう。

④ **時間配分に注意しよう！**

手が止まってしまった場合，あらかじめどのくらい時間をかけるべきかを決めておこう。解
けない問題にこだわりすぎて時間が足りなくなってしまわないように。

⑤ **答案は必ず見直そう！**

できたと思った問題でも，誤字脱字，計算間違いなどをしているかもしれない。ケアレスミ
スで失点しないためにも，必ず見直しをしよう。

受験日の前日と当日の心がまえ

前日

● 前日まで根を詰めて勉強することは避け，暗記したものを確認する程度にとどめておこう。

● 夕食の前には，試験に必要なものをカバンに入れ，準備を終わらせておこう。

また，試験会場への行き方なども，前日のうちに確認しておこう。

● 夜は早めに寝るようにし，十分な睡眠をとるようにしよう。もし翌日
の試験のことで緊張して眠れなくても，遅くまでスマートフォンなど
を見ず，目を閉じて心身を休めることに努めよう。

当日

● 朝食はいつも通りにとり，食べ過ぎないように注意しよう。

● 再度持ち物を確認し，時間にゆとりをもって試験会場へ向かおう。

● 試験会場に着いたら早めに教室に行き，自分の席を確認しよう。また，トイレの場所も確認
しておこう。

● 試験開始が近づき緊張してきたときなどは，目を閉じ，ゆっくり深呼吸しよう。

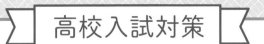

高校入試対策

英文法・作文
最重点 暗記カード

時制

□ ① My mother _____ _____ early every morning.

　私の母は毎朝，早く起きます。

<解答はうら面>

□ Is, listening
（ワンポイント）
進行形の疑問文は be 動詞を前に出す。

□ ② I _____ Mr. Brown at that restaurant last Friday.

　私はこの前の金曜日，そのレストランでブラウン先生を見ました。

□ was cooking
（ワンポイント）
過去進行形の文。be 動詞を過去形にする。

□ ③ We _____ _____ _____ go shopping today.

　私たちは今日，買い物に行くつもりです。

□ have been to
（ワンポイント）
現在完了の文。経験を表す。

名詞・冠詞・代名詞・形容詞・副詞

□ ④ This pen is not mine. Is this _____?

　このペンは私のものではありません。これはあなたのものですか。

□ a week
（ワンポイント）
冠詞の a を使い「1週間」と表す。

□ ⑤ Do you have _____ rain in June in Japan?

　日本では6月にたくさん雨が降りますか。

□ speak fast
（ワンポイント） fast「速く」という意味の副詞は speak のあとに置く。

□ ⑥ I have six pens. _____ is red and the _____ are blue.

　私は6本のペンを持っています。1本は赤で，残りは青です。

□ something cold
（ワンポイント）
代名詞 something を修飾する形容詞は後ろへ。

助動詞

□ ⑦ _____ _____ ask some questions?

　いくつか質問をしてもいいですか。

□ must
（ワンポイント）
「〜にちがいない」という意味。強い推量を表す。

□ ⑧ _____ _____ give me some advice?

　私にアドバイスをしてくれますか。

□ have〔need〕to
（ワンポイント）
「〜する必要がある」must も同じ意味がある。

□ ⑨ _____ _____ meet at one o'clock?

　1時に会いましょうか。

□ be able to
（ワンポイント） can と同じ意味。will のあとなので can は使えない。

<解答はうら面>

暗記カードの使い方

★ 入試に必要な英文法の最重要事項を例文として選びました。

　1枚ごとに6つの例文を練習していこう。

★ 解答はうら面の右端にあるので 🖐ワンポイント を活用しながら，確認しよう。

　確実に覚えていくことで，文法事項の要点をおさえることができます。

★ ┄┄線にそって切り離し，パンチで穴をあけてカードにしよう。

　リングに通しておくと便利に使え，どこからでも学習が始められます。

★ 理解したら，□にチェックしよう。

時制

□ ① _____ Judy _____ to music in her room?

　ジュディは彼女の部屋で音楽を聞いていますか。

□ **gets up**
🖐ワンポイント
三人称・単数で現在の文。get に s をつける。

□ ② When I came home, my mother _____ _____.

　私が帰宅したとき，私の母は料理をしていました。

□ **saw**
🖐ワンポイント
過去の文。不規則動詞の see の過去形。

□ ③ They _____ _____ _____ New York twice.

　彼らは2回，ニューヨークに行ったことがあります。

□ **are going to**
🖐ワンポイント
未来の文。主語に合う be 動詞を使う。

名詞・冠詞・代名詞・形容詞・副詞

□ ④ There are seven days in _____ _____.

　1週間は7日あります。

□ **yours**
🖐ワンポイント
「あなたのもの」という意味の所有代名詞。

□ ⑤ Please don't _____ _____.

　速く話さないでください。

□ **much**
🖐ワンポイント
much は数えられない名詞の前に置く。

□ ⑥ I want to drink _____ _____.

　何か冷たいものが飲みたいです。

□ **One, others**
🖐ワンポイント　3つ以上のもののうち，1つは one, 残りは the others.

助動詞

□ ⑦ The man _____ be very hungry.

　その男の人はとてもおなかがすいているにちがいありません。

□ **May〔Can〕I**
🖐ワンポイント
「～してもいいですか」という意味。

□ ⑧ I _____ _____ help my mother after school.

　私は放課後に私の母を手伝う必要があります。

□ **Will〔Can〕you**
🖐ワンポイント
「～してくれますか」と相手に依頼する表現。

□ ⑨ The puppy will _____ _____ _____ run soon.

　その子犬はすぐに走ることができるようになるでしょう。

□ **Shall we**
🖐ワンポイント　「～しましょうか」と相手を誘う文。Let's～. も同じ意味。

不定詞・動名詞

□ ⑩ Is it difficult _____ you _____ speak Japanese?

日本語を話すことはあなたにとって難しいですか。

□ to drink
（ワンポイント）
〈to ＋動詞の原形〉が後ろから something を修飾。

□ ⑪ Did you _____ _____ ?

あなたは料理をして楽しみましたか。

□ like to
（ワンポイント）
〈to ＋動詞の原形〉が like の目的語。

□ ⑫ _____ me _____ you a question.

私に質問させてください。

□ to hear
（ワンポイント）〈to ＋動詞の原形〉が glad の理由を表している。

比較

□ ⑬ _____ do you like _____, dogs or cats?

あなたは犬とねこではどちらのほうが好きですか。

□ old as
（ワンポイント）
〈as ＋原級＋ as〉の形。「…と同じくらい〜」

□ ⑭ This question is _____ _____ _____ _____ all.

この問題はすべての中でいちばん難しい。

□ easier than
（ワンポイント）比較級の文。easy は y を i にかえて er をつける。

□ ⑮ Tom swims faster _____ any other _____ in his class.

トムはクラスの中のほかのどの生徒よりも速く泳ぎます。

□ the newest
（ワンポイント）最上級の文。new に est をつけ, the を前に置く。

受け身

□ ⑯ The hill is _____ _____ snow.

その丘は雪でおおわれています。

□ written by
（ワンポイント）
「〜によって」という行為者は by で表す。

□ ⑰ I _____ _____ to hear that.

私はそれを聞いて驚きました。

□ are spoken
（ワンポイント）
be 動詞は主語に合わせて使い分ける。

□ ⑱ I was _____ _____ by all the people at the party.

私はパーティーにいたすべての人に笑われました。

□ Is, sold
（ワンポイント）
「売る」は sell-sold-sold と変化する。

現在完了

□ ⑲ _____ you _____ your homework _____ ?

あなたはもう宿題を終えましたか。

□ already read
（ワンポイント）
完了を表す。「すでに」は already を使う。

□ ⑳ My brother _____ _____ _____ TV for two hours.

私の弟は2時間（ずっと）テレビを見ています。

□ have known, for
（ワンポイント）
状態の継続を表す。期間を表す for を使う。

□ ㉑ How many _____ _____ you _____ to Nikko?

あなたは何回, 日光に行ったことがありますか。

□ Have, ever heard
（ワンポイント）
経験を表す。「今までに」は ever を使う。

不定詞・動名詞

⑩ She wanted something _____ _____.

彼女は何か飲むものがほしかった。

□ for, to
ワンポイント 形式的に置かれた主語 it は, 日本語には訳さない。

⑪ Mr. and Mrs. Smith _____ _____ play tennis.

スミス夫妻はテニスをすることが好きです。

□ enjoy cooking
ワンポイント enjoy のあとに動詞を続けるときは, 動名詞。

⑫ Kumiko was glad _____ _____ the news.

クミコは, そのニュースを聞いてうれしかった。

□ Let, ask
ワンポイント 「(人) に～させる」は〈let + 人＋動詞の原形〉。

比較

⑬ He is as _____ _____ my brother.

彼は私の兄と同い年です。

□ Which, better
ワンポイント Which〔Who〕～ like better, A or B? の形。

⑭ English is _____ _____ math.

英語は数学より簡単です。

□ the most difficult of
ワンポイント 最上級の文で「～の中で」には, of や in を使う。

⑮ The bus I use is _____ _____ of all.

私が利用するバスはすべての中で最も新しいです。

□ than, student
ワンポイント than any other のあとは, 単数名詞を置く。

受け身

⑯ This book was _____ _____ Natsume Soseki.

この本は夏目漱石によって書かれました。

□ covered with
ワンポイント 「～におおわれている」は by ではなく with。

⑰ How many languages _____ _____ in this country?

この国ではいくつの言語が話されていますか。

□ was surprised
ワンポイント 「驚く」は be surprised とする。

⑱ _____ this watch _____ in Japan?

この時計は日本で売られていますか。

□ laughed at
ワンポイント 「笑う」laugh at ～をまとまりとして扱う。

現在完了

⑲ I've _____ _____ the book.

私はすでにその本を読みました。

□ Have, finished, yet
ワンポイント 完了を表す。疑問文で「もう」は yet を使う。

⑳ I _____ _____ him _____ ten years.

私は彼を 10 年間 (ずっと) 知っています。

□ has been watching
ワンポイント 動作の継続を表す。

㉑ _____ you _____ _____ about my country?

あなたは今までに私の国のことを聞いたことがありますか。

□ times have, been
ワンポイント 経験を表す。「行ったことがある」は have been to ～。

文型

□ ㉒ Please _____ _____ Masa.

私のことをマサと呼んでください。

□ **What made**
ワンポイント 「何が彼をそんなに怒らせたのですか。」という意味。

□ ㉓ Her smile _____ us _____.

彼女の笑顔は私たちを幸せにします。

□ **bought me**
ワンポイント 〈buy＋人＋もの〉で「人にものを買う」という意味。

□ ㉔ There _____ twelve months in a year.

1年は12か月あります。

□ **looked**
ワンポイント 「～に見える」の look のあとは形容詞を続ける。

疑問文・疑問詞

□ ㉕ _____ _____ the summer vacation start in Australia?

オーストラリアでは夏休みはいつ始まりますか。

□ **how to**
ワンポイント
「～の仕方」は how to ～と表す。

□ ㉖ _____ _____ does it _____ to get to the station?

駅へ行くにはどのくらいかかりますか。

□ **aren't they**
ワンポイント 付加疑問文。前の文が肯定文なので, 否定の疑問形に。

□ ㉗ _____ _____ you such flowers?

だれがあなたにそのような花をくれたのですか。

□ **where, is**
ワンポイント
間接疑問文。〈疑問詞＋主語＋動詞〉の語順。

分詞

□ ㉘ The girl _____ along the street is my sister.

通りに沿って走っている女の子は私の姉です。

□ **covered**
ワンポイント
「おおわれた」を過去分詞で表す。

□ ㉙ Do you see that _____ _____?

あなたはあの泣いている女の子が見えますか。

□ **woman playing**
ワンポイント
「弾いている」を ing 形で表す。

□ ㉚ The book _____ _____ him is very popular.

彼によって書かれた本はとても人気があります。

□ **dog named**
ワンポイント
「名付けられた」を過去分詞で表す。

関係代名詞・接続詞

□ ㉛ The boy _____ _____ in this house is my friend.

この家に住んでいる男の子は私の友達です。

□ **that**
ワンポイント
接続詞の that は省略できることが多い。

□ ㉜ Look at the _____ _____ Yukari painted.

ユカリが描いた絵を見てごらん。

□ **so**
ワンポイント
結果があとに続く接続詞。

□ ㉝ This is the highest mountain _____ I have ever seen.

これは私が見た中で最も高い山です。

□ **when**
ワンポイント 「～とき」を表す接続詞。疑問詞としても使うときは, 「いつ～」。

文型

□ ㉒ _____ _____ him so angry?

なぜ彼はそんなに怒っていたのですか。

□ **call me**
ワンポイント
〈call ＋ 人 ＋ A〉で「人をAと呼ぶ」という意味。

□ ㉓ My father _____ _____ a new computer.

私の父は私に新しいコンピュータを買ってくれました。

□ **makes, happy**
ワンポイント 〈make ＋ A ＋ B〉で「AをBにする」という意味。

□ ㉔ You _____ nice in that dress.

あなたはそのドレスを着ているとすてきに見えました。

□ **are**
ワンポイント There is [are] ～. はあとに続く名詞の単複でbe動詞を使い分ける。

疑問文・疑問詞

□ ㉕ Ken doesn't know _____ _____ use this computer.

ケンはこのコンピュータの使いかたを知りません。

□ **When does**
ワンポイント
疑問詞のあとは，ふつう疑問文の語順にする。

□ ㉖ Those children are your friends, _____ _____?

あの子どもたちはあなたの友達ですよね。

□ **How long, take**
ワンポイント
期間・所要時間を尋ねるときは how long。

□ ㉗ I don't know _____ that restaurant _____.

私はそのレストランがどこにあるか知りません。

□ **Who gave**
ワンポイント
主語が疑問詞のときはすぐあとに動詞を続ける。

分詞

□ ㉘ They looked at the mountain _____ with snow.

彼らは雪でおおわれた山を見ました。

□ **running**
ワンポイント
「走っている」を ing 形で表す。

□ ㉙ The _____ _____ the piano is my teacher.

ピアノを弾いている女性は私の先生です。

□ **crying girl**
ワンポイント 「泣いている」を ing 形で表す。語順に注意。

□ ㉚ Takuya has a _____ _____ Pochi.

タクヤはポチと名付けられた犬を飼っています。

□ **written by**
ワンポイント
「書かれた」を過去分詞で表す。

関係代名詞・接続詞

□ ㉛ Do you think _____ she will come here?

彼女はここに来ると思いますか。

□ **who [that] lives**
ワンポイント
the boy，人が先行詞なので，who か that。

□ ㉜ He got up late, _____ he missed the bus.

彼は遅く起きたので，そのバスを逃しました。

□ **picture(s) which [that]**
ワンポイント the picture(s)，物が先行詞なので，which か that。

□ ㉝ Satoshi started playing golf _____ he was seven.

サトシは7歳のとき，ゴルフをし始めました。

□ **that**
ワンポイント 先行詞に最上級がつくとき，関係代名詞は that を使う。

前置詞	☐ ㉞ I usually play tennis _____ Sunday. 私は日曜日にたいていテニスをします。	☐ **for** （ワンポイント） Thank you for 〜 .「〜をありがとう。」
	☐ ㉟ I came here _____ 1995. 私は 1995 年にここに来ました。	☐ **on** （ワンポイント） 場所を表すときの前置詞。「〜の上に」
	☐ ㊱ I went to the park with my friend _____ bike. 私は友達と公園へ自転車で行きました。	☐ **from** （ワンポイント） be from 〜 「〜の出身で」
文構造・仮定法	☐ ㊲ I _____ you _____ the homework was difficult. 私はあなたにその宿題は難しいと伝えました。	☐ **wish, could** （ワンポイント） 仮定法の文。現実とは異なる願望を表す。
	☐ ㊳ Could you tell _____ _____ I _____ do next? 私が次に何をすべきか教えていただけますか。	☐ **If, had, would** （ワンポイント） 仮定法の文。現実とは異なる仮定を表す。
	☐ ㊴ I'm _____ _____ you look fine. あなたが元気そうでよかったです。	☐ **sure that** （ワンポイント） be sure (that) 〜で「きっと〜だと思う」。
連語	☐ ㊵ Please take _____ _____ yourself. どうか体に気をつけてください。	☐ **interested in** （ワンポイント） be interested in 〜 で「〜に興味がある」。
	☐ ㊶ I'm _____ _____ _____ seeing you. 私はあなたに会うのを楽しみにしています。	☐ **friends with** （ワンポイント） friends と複数形にする。
	☐ ㊷ We _____ _____ _____ _____ at the party. 私たちはそのパーティーで楽しいときを過ごしました。	☐ **glass of**　（ワンポイント） 水のときは，a glass of 〜。紅茶などのときは a cup of 〜。
会話表現	☐ ㊸ You look tired. _____ wrong? あなたは疲れているようです。どうしたのですか。	☐ **say hello to** （ワンポイント） もともとは「〜にこんにちはと言う」という意味。
	☐ ㊹ " _____ _____ some pies?" "No, _____ _____." 「パイはいかがですか。」「いいえ，結構です。」	☐ **Help** （ワンポイント） 「自分自身でお願いします。」という意味。
	☐ ㊺ "My mother is sick in bed." " _____ _____ _____." 「母が病気で寝ています。」「お気の毒に。」	☐ **Would you like to** （ワンポイント） 「〜するのはいかがですか」という意味。

前置詞

□ �34 Thank you _____ your letter.

お手紙，ありがとうございます。

☐ **on**
🖐ワンポイント
日付や曜日を表すときの前置詞。

□ �35 A big cat is sleeping _____ the table.

大きなねこがテーブルの上で寝ています。

☐ **in**
🖐ワンポイント
月や年を表すときの前置詞。

□ �36 We're _____ Australia.

私たちはオーストラリアの出身です。

☐ **by**
🖐ワンポイント
手段を表すときの前置詞。

文構造・仮定法

□ �37 I _____ I _____ talk with animals.

動物と会話できたらいいのに。

☐ **told, that**
🖐ワンポイント〈tell + 人 + that 〜〉で「(人)に〜ということを伝える」。

□ �38 _____ I _____ a dog, I _____ play with it every day.

もし私が犬を飼っていれば，毎日一緒に遊ぶだろうに。

☐ **me what, should**
🖐ワンポイント〈動詞＋間接目的語＋疑問詞＋主語＋動詞〉の順にする。

□ �39 I'm _____ _____ you will be a good teacher in the future.

私は，あなたは将来きっとよい教師になるだろうと思います。

☐ **glad〔happy〕that**
🖐ワンポイント be glad that 〜で「〜でよかった，〜でうれしい」。

連語

□ ㊵ I am _____ _____ Japanese culture.

私は日本の文化に興味があります。

☐ **care of**
🖐ワンポイント
take care of oneself で「体に気をつける」。

□ ㊶ I made _____ _____ an Australian student.

私はオーストラリアの生徒と友達になりました。

☐ **looking forward to**
🖐ワンポイント to は前置詞なので，続く動詞は動名詞にする。

□ ㊷ I want a _____ _____ water.

私は1杯の水がほしいです。

☐ **had a good time**
🖐ワンポイント
enjoy と同じ意味の連語。

会話表現

□ ㊸ Please _____ _____ _____ your parents.

あなたのご両親によろしくお伝えください。

☐ **What's**
🖐ワンポイント
What's the matter with you? などとも言う。

□ ㊹ "Can I use your dictionary?" " _____ yourself."

「あなたの辞書を使ってもいいですか。」「どうぞ，ご自由に。」

☐ **How about, thank you**
🖐ワンポイント
「はい，お願いします。」は Yes, please. と言う。

□ ㊺ " _____ _____ _____ _____ leave a message?"
"No, I'll call back later."

「何かご伝言を残されますか。」「いいえ，あとでかけ直します。」

☐ **That's too bad**
🖐ワンポイント
I'm sorry to hear that. などとも言う。

解答・解説

英文法・作文

1時間目 時制

解答（pp.4〜5）

1 (1) watching (2) saw
(3) bought (4) goes
(5) flew

2 (1) イ (2) エ (3) ウ
(4) ア (5) エ

3 (1) taking (2) taught
(3) are (4) did

4 (1) エ (2) イ

5 (1) was, rained
(2) was

6 (1) (He studied) music while he was staying in Italy(.)
(2) (Mom,) how will the weather be (this afternoon?)
(3) (I) tried to do the same things they were doing(.)

7 (1) あなた（たち）に私がどのようにしてこの特別なボールを手に入れたのかをお話ししましょう。
(2) トムは，気をつけて車を運転しない人がいるから，たくさんの交通事故が起こると考えています。

解 説

2 (3) 主語が複数。now「今は」は現在を表す語。
(4) for a week「1週間」と期間を表す語句があり，動詞のあとに in Korea が続くことから，「1週間ずっと韓国にいる」という文になると考える。現在完了の文〈have〔has〕＋過去分詞〉で表す。
(5) three days ago「3日前に」は過去を表す語句。
3 (3) will と be going to 〜はともに未来を表す言い方。主語が My father and I と複数になっていることに注意。
(4) Oh, did you? は Oh, did you read this book yesterday? が省略されたもの。
4 (2)〈Who ＋動詞の過去形〜?〉は疑問詞 who が主語になる疑問文で，「だれが〜しましたか。」の意味。

it は a beautiful picture を指すので，「（写真を）撮る」take の過去形 took を選ぶ。
5 (1) 2文とも「昨晩，たくさん雨が降りました。」の意味。1文目は，There is/are 〜 . の文で，空欄のあとに a heavy rain と続いており，過去の文なので be 動詞は was にする。
6 (2)〈疑問詞＋will＋主語＋動詞の原形〜?〉の語順。
(3) the same things のあとには，目的格の関係代名詞が省略されている。
7 (1) tell の目的語は you と how I got this special ball の 2 つ。未来を表す will と過去形の got の訳し方に注意する。

> **!ここに注意** 注意すべき動詞の発音
> [ɔː] brought ← bring（持ってくる）
> caught ← catch（つかまえる）
> [u] took ← take（取る，撮る）
> [au] found ← find（見つける）

入試攻略 Points

対策 (1) I made a cake with my mother last Sunday.
(2) Kaori did not〔didn't〕read an interesting story to me.
(3) They ate breakfast this morning.
(1) 過去を表す語句を加えるので，過去の文にする。make は不規則動詞で，過去形は made。
(2) read は現在形も過去形も同じ形。主語が三人称・単数であるが，動詞 read に s がついていないことから，過去の文とわかる。
(3) didn't から，過去の文だとわかる。eat の過去形は ate。
不規則動詞の過去形・過去分詞は確実に覚えておこう。
break-broke-broken buy-bought-bought
know-knew-known sit-sat-sat
meet-met-met read-read-read
run-ran-run write-wrote-written など

ひっぱると、はずして使えます。

解答 (pp.6〜7)

1 (1) ウ　(2) イ　(3) ウ　(4) エ

2 (1) theirs　(2) the others
(3) Those buses　(4) hundred

3 (1) first　(2) where he
(3) interested in　(4) It

4 (1) Wednesday　(2) play

5 (1) nothing　(2) slowly　(3) favorite
(4) expensive　(5) yours

6 (1) (It) **takes half an hour to** (the station on foot.)
(2) **Her baby is six months old**(.)
(3) **How much does the watch cost**(?)

7 (1) 例 **Those bridges are very〔so〕important for our lives.**
(2) 例 **It's〔It is〕fine〔sunny〕and very〔so〕hot here.**

解　説

1 (1)「あなた自身を鏡で見なさい。」という意味。
(3) a few は数えられる名詞の前に使い，「少しの」という意味。
(4) sugar は数えられない名詞。some sugar で「いくらかの砂糖」とはっきりしない量を表す。

2 (2) 3つ以上のもののうち1つを one とすると，残り全部は the others で表す。

3 (1)「私は以前にその国を訪れたことがありません。」→「これがその国への私の初めての訪問になるでしょう。」
(2) where he lives と彼の住んでいる場所を尋ねている。
(3) be interested in 〜は「〜に興味がある」の意味。

5 (4) a cheaper one「より安い物」から考える。

6 (1) on foot は「歩いて」の意味。また，take はこの場合，「(時間が) かかる」の意味。

> ⚠️ ここに注意　few と little, many と much
> ・数えられる名詞の前に使う場合
> few「ほとんど〜ない」, a few「少し」,
> many「たくさんの」
> ・数えられない名詞の前に使う場合
> little「ほとんど〜ない」, a little「少し」,
> much「たくさんの」

対策 (1) **She sometimes goes to school by** (bus.)
(2) **I am usually at home on** (Saturday morning.)
頻度を表す副詞 (always, usually, often, sometimes など) の位置に注意する。ふつう，一般動詞の前，be 動詞のあとに置く。
She <u>sometimes</u> <u>goes</u> to school by bus.
I <u>am</u> <u>usually</u> at home on Saturday morning.
※ sometimes や usually は文頭または文末に置くこともできる。

解答 (pp.8〜9)

1 (1) must　(2) be able to
(3) Shall　(4) can't〔cannot〕

2 (1) イ　(2) エ

3 (1) must wash　(2) must not
(3) Shall I　(4) don't have〔need〕to
(5) Will〔Can, Would, Could〕you

4 (1) **What places would you like to visit in** (Kyoto?)
(2) (He) **couldn't finish his homework yesterday**(.)
(3) **It will be dark before she arrives** (there.)
(4) **What kind of flowers should I bring** (this time?)
(5) (You) **had better not eat fish caught in** (the river.)

5 (1) must〔should〕
(2) will〔should, can〕

6 (1) 例 **You don't〔do not〕have〔need〕to wait for the next train.**
(2) 例 **I think (that) many〔a lot of〕Japanese (people) can〔are able to〕read English.**
(3) 例 **You should start (doing) your homework soon〔at once, (right) now〕.**

解　説

1 (2) be able to ～＝can　ここでは，助動詞の will のあとだから，助動詞の can を使うことができない。
(3) Shall we ～? ＝Let's ～.

2 (1) Shall I ～? は「～しましょうか。」と申し出る言い方。Will you ～? は「～してもらえますか。」と相手に依頼する言い方。May I ～? は「～してもよいですか。」と相手に許可を求める言い方。

3 (1) 命令文と must「～しなければならない」を使った文はほぼ同じ内容。

4 (1)「～したい」は would like to ～で表す。ここでは，「どこを」を what places と表すので注意する。
(4)「～したらよい」は should を使って表すことができる。
(5)「～しないほうがよい」は had better not ～で表す。not の位置に注意する。

5 (1) must には，「～にちがいない」と「～しなければならない」の２つの意味がある。

6 (1)「～する必要はない」は don't have to ～で表す。don't need to ～や need not ～も可能。

⚠ ここに注意　注意すべき助動詞の書きかえ

can ＝ be able to ～「～できる」
will ＝ be going to ～「～するつもりだ」
must ＝ have to ～「～しなければならない」

📖 入試攻略Points

対策 (1)①私の家にあなたの犬を連れてきて<u>も</u><u>いいですよ。</u>②彼はすぐに戻ってくる<u>かもし</u><u>れません。</u>
(2)① 彼は今日は早く家に帰ら<u>なければなりませ</u><u>ん。</u>② 彼は遅く起きたので，学校に遅れる<u>に</u><u>ちがいありません。</u>
(1) may には「～してもよい」（許可）と「～かもしれない」（推量）の意味がある。
(2) must には「～しなければならない」（必要・義務）と「～にちがいない」（推量）の意味がある。

---

4 時間目　不定詞・動名詞

解答（pp.10～11）

1 (1) エ　(2) エ　(3) ウ

2 (1) **to do**　(2) **about going**　(3) **It, of**

3 ウ

4 (1) (Please) **let me know when you** (arrive at the station.)
(2) **Playing the piano is a lot of fun**(.)

---

(3) (I) **had no time to go**(.)

5 (1) **cleaning**　(2) **for**　(3) **playing**
(4) **to**　(5) **what**

6 (1) (The country) **I want to visit is** (China.)
(2) (In those days,) **it was not easy to work in** (a foreign country.)
(3) (I'm) **sorry to hear that you can't come** (to the party.)
(4) (I) **don't know how to use this computer**(.)

7 (1) 私の父は，私に歌手になってほしくないと思っています。
(2) 私は，一緒に食べることはお互いをよりよく知るためのとてもよい方法だと思います。

解　説

1 (2) 前置詞のあとに動詞がくるときは，動詞は動名詞（ing 形）になる。
(3) stop ～ing は「～するのをやめる」の意味。

2 (2) How about ～ing? は「～するのはどうですか。」の意味。
(3) 人の性質について言うような場合には，for ではなく of が使われる。

3 与えられた英文には名詞的用法の不定詞が使われている。アは副詞的用法，イは形容詞的用法。

4 (1)〈let ＋人＋動詞の原形〉は「人に～させる」の意味。

5 (1)「～し終える」は finish ～ing で表す。
(3) start は不定詞と動名詞のどちらも目的語にとるが，解答欄の数より動名詞を使う。
(5)「何を～するか，すべきか」は〈what to ＋動詞の原形〉で表す。

6 (3) be sorry to ～は「～して残念に思う」の意味。
(4) how to ～は「～のやりかた，～の方法」の意味。

7 (1) want ～ to ... は「～に…してほしいと思う」の意味。

⚠ ここに注意　動詞の目的語となる不定詞・動名詞

動名詞を目的語にとる	finish, stop, mind, enjoy など
不定詞を目的語にとる	wish, hope, want, decide など
動名詞でも不定詞でもどちらでもよい	start, begin, like, love など

※ stop のあとは不定詞も続くが，このときの不定詞は stop の目的語ではなく，「～するために」の意味の副詞的用法（修飾語）。

対策 (1)海で泳いでいる人がたくさんいます。
(2)私は昨日，海で泳いで楽しみました。
(1) 現在分詞 swimming がほかの語句を伴って，a lot of people を後ろから修飾している。「～している」の意味で，形容詞と同じ働きをする。
(2) enjoy ～ing は「～して〔～することを〕楽しむ」という意味。動名詞は現在分詞と同じ形であるが，現在分詞と違い，名詞と同じ働きをする。

5 時間目 比 較

解答（pp.12～13）

1 (1) newest (2) hottest
(3) better (4) more slowly
(5) most beautiful
2 (1) winter
(2) easier
3 (1) shorter than
(2) bigger〔larger〕
(3) most
(4) than, other
(5) like, best〔most〕
4 (1) イ (2) エ (3) ウ
5 (1)（Mt. Fuji is）one of the most beautiful mountains in（Japan.）
(2)（Yes, he）is as old as my brother(.)
(3) Peter is not so young（as he looks.）
(4) Our school has three times as many students as yours(.)
6 (1)例 It's〔It is〕one of the most famous books in Japan.
(2)例 My grandmother told me to eat as much as I wanted〔liked〕.

解 説

1 (2)「暑い」hot の最上級は語尾の t を重ねて est をつける。
(3)「上手に」を表す副詞 well の比較級は better。
(4) slowly は前に more, most をつけて比較級，最上級を作る。ここでは比較級にする。
2 (1)「いちばん寒い季節はいつですか。」という意味。
3 (1) not as ～ as ... は「…ほど～ない」の意味。

(4)「トムは彼のクラスでいちばん速く泳げます。」→「トムは彼のクラスのほかのどの生徒よりも速く泳げます。」比較級で最上級の意味を表している。〈比較級＋ than any other ＋単数名詞〉の形。
4 (1) Which do you like better, A or B? は「A と B では，どちらのほうが好きですか。」の意味。
(3)〈less ＋形容詞の原級＋ than ...〉は「…ほど～でない」という意味。not as ～ as ... とほぼ同じ意味を表す。
5 (3)「…と同じくらい～」の意味の as ～ as ... は，否定文になると not so ～ as ... となることもある。
(4)○ times as ～ as ... で「…の○倍は～」という意味。ただし，2 倍のときは twice を使い，3 倍以上は times を使って表す。
6 (1) 最上級の文。famous は most を使うことに注意する。
(2) as much as ～で「～するだけの量」となる。「～するように言う」は〈tell ＋人＋ to ＋動詞の原形〉で表す。

① ここに注意 | 比較級・最上級の作りかた

ほとんどの語	そのまま er, est をつける
語尾が e	r, st をつける
語尾が〈子音字＋y〉	y を i にかえて er, est をつける
語尾が〈母音字＋子音字〉	語尾を重ねて er, est をつける

※ more, most をつけるもの，不規則に変化するものも覚えておく。

入試攻略 Points

対策 (1) in (2) of
最上級で使われる「～の中で」というときの in と of を使い分けられるようにしておこう。
〈in ＋場所・範囲（単数扱いをする語句）〉… in America「アメリカで」，in my class「私のクラスで」
〈of ＋仲間・同類（複数扱いをする語句）〉… of the four「4 つ〔4 人〕のうちで」，of all students「全生徒のうちで」

6 時間目 受け身

解答（pp.14～15）

1 (1) are taught (2) is known
(3) eaten (4) are spoken (5) made
2 (1) were, built (2) be done
(3) They〔People〕don't (4) be seen
3 (1)（In Japan,）it is learned by many people(.)

(2) (Yes, I) **was surprised to hear that**(.)

(3) (Was) **this long letter written by** (you?)

4 (1) **Is this watch sold in** (Japan?)

(2) **Is the book written in English or Spanish**(?)

(3) **What is this beautiful flower called** (in English?)

(4) **I was laughed at by** (all the people at the party.)

(5) **Was this picture taken by your** (father?)

5 (1) **Soccer is played by many people around the world.**

(2) **The hill is covered with snow.**

(3) **Mt. Fuji can be seen from here** (by us).

6 (1) 日本人の生徒たちは,「ごきげんいかがですか。」と聞かれると, たいてい「元気です, ありがとうございます。あなたはどうですか。」と答えました。

(2) バナナは特別な船で, 外国へ運ばれます。

解　説

1 (5) be made of ～は「～でできている」の意味。似た表現に be made from ～があるが, できたものを見て材料がわかる場合には, be made of ～を, わからない場合には be made from ～を使う。

2 (3) 上の文には,「人々によって」にあたる語句が省略されている。

3 (2) be surprised to ～は「～して驚く」の意味。

4 (4) laugh at ～のような連語では, 受け身になったときでも, 前置詞は残す。

(5)「この写真はあなたのお父さんによって撮られましたか。」という文にする。

5 (2) be covered with ～は「～でおおわれている」の意味。

(3) 助動詞つきの受け身は〈助動詞＋ be ＋動詞の過去分詞〉の形にする。能動態の文の主語の we, they, people などは受け身の文では省略するのがふつう。

!ここに注意 前置詞に注意すべき受け身の表現

be covered with ～ 「～でおおわれている」
be made of〔from〕～ 「～でできている」
be interested in ～ 「～に興味がある」
be pleased with ～ 「～が気に入る」
be surprised at ～ 「～に驚く」

入試攻略 Points

対策 (1) **A pretty doll was made for me by my mother.**

(2) **The dog was named Shiro by my father.**

基本的な受け身の文の作りかたは下のとおり。目的語を主語に, 主語は by をつけて後ろへ。動詞は〈be 動詞＋過去分詞〉の形にする。

Mother　cleaned　my room.
　　　　　　　　　目的語　〈能動態〉
My room　was cleaned　by Mother.
主語　〈be 動詞＋過去分詞〉　〈受け身〉

(1) 第 4 文型は 2 つの目的語があり, それぞれを主語にした受け身の文を作ることができるが, ここでは「もの」を主語にした書きかえ。

(2) 第 5 文型は目的語が 1 つなので, その目的語 the dog を主語にする。

---

7 時間目 現在完了

解答（pp.16〜17）

1 (1) **heard**　(2) **never**　(3) **since**
　　(4) **Have, yet**

2 (1) **Have you ever come here**(?)

(2) **Studying English there has been** (her dream for many years.)

(3) **I have already drunk a** (lot.)

3 (1) **have lost**　(2) **has been raining**
　　(3) **never seen**　(4) **been, twice**
　　(5) **has lived〔been〕**

4 (1) **We have been good friends for eight years**(.)

(2) **How many times have you been to Nikko**(?)

(3) **How long has the baby been sleeping**(?)

(4) **I haven't seen you for a long time**(.)

5 ア

6 (1) 私は，そこへ１回行ったことがあります。

(2) 彼は，たった３日間だけ私たちのクラスにいます。

7 (1) 例 I haven't〔have not〕read the book (before).〔I've〔I have〕never read the book (before).〕

(2) 例 I've〔I have〕been〔stayed〕in Japan for over〔more than〕three weeks.

(3) 例 I've〔I have〕known him since he was a child.

解　説

1 (4) yet は，疑問文と否定文では意味が異なる。疑問文では「もう（〜しましたか）」，否定文では，「まだ（〜していません）」となる。

2 (2) 主語は動名詞 studying を含む「そこで英語を勉強すること」となる。

3 (2)「５日間ずっと雨が降っています。」という文にする。

(4)「彼女は 2000 年以降，２回京都に行ったことがあります。」という文にする。

4 (4)「わたしは長い間，あなたに会っていません。」という文にする。

5 現在完了の文では，明らかに過去を表している 〜 ago などの語句は使うことができない。

！ここに注意　現在完了の文で使われる語句

• 完了用法
just, already, yet（疑問文・否定文で）

• 継続用法
for, since, how long

• 経験用法
ever, never, once, twice, 〜 times

入試攻略 Points

対策 (1) ユリは英語を勉強するためにアメリカへ行ってしまいました。

(2) 私の父は何度も北海道へ行ったことがあります。

(1) has gone to 〜 は現在完了の完了・結果用法で，「〜へ行ってしまった（今ここにいない）」の意味。

(2) has been to 〜 は現在完了の経験用法で，「〜へ行ったことがある」の意味。

8 時間目　文　型

解答（pp.18〜19）

1 (1) call　(2) Are there　(3) made
(4) What makes〔made〕　(5) There will

2 (1) (You) looked nice in that dress(.)

(2) (I still remember that) the story taught me something important(.)

(3) Show me your notebook(, please.)

(4) (I hope) you will find it interesting (.)

3 (1) made me　(2) for him
(3) There are

4 (1) (Can) you give me your idea (on this plan?)

(2) (When I come back to Calgary,) I'll send you some pictures(.)

(3) Is there anything interesting in that book(?)

(4) (I think) there are many things we can do (for the festival.)

(5) (Do) you think he will come (to school tomorrow?)

(6) (They clean up the streets) to keep our city clean(.)

(7) (Everything) he says makes her mad(.)

5 (1) 彼女の笑顔で私たちはうれしくなりました。

(2) この食べ物は日本語で何と言いますか。

(3) 釣りは私たちに自分自身のことを考える時間を与えてくれます。

解　説

1 (1)「〜を…と呼ぶ」は call 〜 … で表す。

(3)「〜を…にする」は make 〜 … で表す。

(4) 疑問詞は三人称・単数と考えるので，現在の文なら動詞に s をつける。「怒らせた」と考えて，過去形 made でもよい。

2 (1) 〈look ＋形容詞〉は「〜（の状態）に見える」の意味。

(2) important が something を後ろから修飾している。

(4) find はこの場合「見つける」ではなく，「～が…とわかる」の意味。

3 (2) 第4文型から第3文型への書きかえ。前置詞 for を使って書きかえられる。

4 (6) keep ～ ... は「～を…（の状態）にしておく」という意味。

(7) 「彼が言うすべて」は everything he says と表す。

> **!ここに注意 第4文型と第5文型の make**
> make は第4文型と第5文型の両方で使われる。
> She **made** Bill a new suit.（第4文型）
> 「彼女はビルに新しいスーツを作ってあげた。」
> His father **made** him a doctor.（第5文型）
> 「彼の父は彼を医者にした。」

> 📖 入試攻略 Points
> 対策 (1) **were**　　(2) **is**
> 「～に…がある〔いる〕。」の意味を表す〈There ＋ be 動詞～ .〉の文では，be 動詞は後ろにくる名詞と文の時制によって決まる。
> (1) 後ろにくる名詞が many students と複数で，過去の文なので be 動詞は were になる。
> (2) 後ろにくる名詞が a cat と単数で，現在の文なので be 動詞は is になる。

9 時間目　疑問文・疑問詞

解答（pp.20～21）

1 (1) **ウ** (2) **エ** (3) **ア** (4) **イ** (5) **エ**

2 (1) **aren't they** (2) **how, it** (3) **how**
(4) **How〔What〕about** (5) **Where**

3 (1) **What do you〔they〕** (2) **when to**
(3) **how to**

4 (1) (Mike,) **when does the summer vacation start** (in Australia?)
(2) **How many times have you been to** (Katsurahama Beach?)
(3) **Do you know where the restaurant is**(?)
(4) **Who is the letter from**(?)
(5) (Who) **painted this picture**(?)
(6) **Do you know what it is like** (to be poor?)

5 (1) 私と一緒に来たらどうですか。
(2) 彼はこの山がなぜもみじ山と呼ばれるのか理解しました。

6 (1) 例 **How long does it take** (for you) **to finish your homework?**
(2) 例 **How many books are there in this library?**〔**How many books does this library have?**〕

> ■ 解説
>
> **1** (3)「私はどの電車に乗るべきですか。」という文にする。 (4) B の Mike did.「マイクです。」から，Who を選ぶ。 (5) B の by bus「バスで」から，手段を尋ねる How を選ぶ。
> **2** (1)「～ですよね」と相手に念をおす意味を表す付加疑問文。肯定文には否定の疑問形をつける。
> (2) 距離をたずねるときは how far を使う。
> (4) How〔What〕about ～ing? で「～はどうですか。」の意味になる。
> **3** (3)「～できる」は「～のしかたを知っている」と書きかえられる。
> **4** (5) 疑問詞の who がこの文の主語になっている。そのあとすぐに動詞を続ける。
> **5** (1) Why don't you ～ ? は「～したらどうですか。」と人を誘う場合の表現。
> **6** (2)「何冊の本」は how many books で表す。

> **!ここに注意 付加疑問文の作りかた**
> 付加疑問文を作るときには，通常の疑問文を考え，肯定なら否定に，否定なら肯定にして，文末につければよい。その際，主語は代名詞にかえること。
> Tom is tall, isn't he?
> 「トムは背が高いですよね。」
> She cannot play the piano, can she?
> 「彼女はピアノが弾けませんよね。」

> 📖 入試攻略 Points
> 対策 (1)(Do you know) **how old he is**(?)
> (2) **I want to know what my mother bought** (yesterday.)
> 疑問詞で始まる疑問文が，文の一部になった文を間接疑問文という。間接疑問文では，〈疑問詞＋主語＋動詞〉の語順になるので注意すること。
> (1) How old is he?「彼は何歳ですか。」
> Do you know <u>how</u> **he is**?「彼が何歳だかわかりますか。」
> (2) What did my mother buy yesterday?「私の母は昨日何を買いましたか。」
> I want to know <u>what</u> **my mother bought** yesterday.
> 「私は母が昨日何を買ったのか知りたいです。」

解答（pp.22〜23）

1 (1) **ア** (2) **ウ**
(3) **ウ** (4) **イ**

2 (1) **covered** (2) **sitting** (3) **singing**
(4) **taken**

3 (1) (Oh,) **the woman talking with an old man is** (my mother.)
(2) (I'm) **listening to a song sung by** (a Japanese singer.)
(3) (Who is) **that boy playing tennis with Hanako over** (there?)
(4) (I'm) **reading a book written by** (a famous American doctor.)

4 (1) **standing**
(2) **written by**
(3) **wearing**〔**with**〕

5 **エ**

6 (1) (I) **saw many pictures taken about 60 years ago**(.)
(2) (Everyone can) **live in the world filled with love** (and peace.)
(3) (Who) **is the girl playing tennis** (with Bob?)
(4) (Most) **of the things sold there are** (used ones.)

7 (1) 私たちはその教会を探している観光客をたくさん見ます。
(2) 白い服を着た看護師が入ってきました。

解説

1 (3) made in Japan で「日本製」という意味。

2 (1) 名詞 mountain の後ろから「〜された」と修飾しているので，過去分詞の形にする。
(2) 名詞 friends の後ろから「〜している」と修飾しているので，現在分詞の形にする。

4 (1) which は関係代名詞で，which 〜 there が直前の house を修飾している。
(3) look for 〜は「〜を探す」の意味。

5 **エ** runs を現在分詞の running にすればよい。

6 (2) be filled with 〜は「〜で満たされている」の意味。

(4) used は「中古の」の意味。

7 (2) be dressed in 〜 は「〜を着ている」の意味。

> ⚠ここに注意 **分詞と関係代名詞の書きかえ**
> 分詞を使った文は，主格の関係代名詞と be 動詞を使って書きかえることができる場合が多い。
> The girl **running** over there is my sister.
> ＝The girl **who is running** over there is my sister.
> 「向こうで走っている少女は私の姉〔妹〕です。」
> The book **written** by him is difficult.
> ＝The book **which was written** by him is difficult.
> 「彼によって書かれた本は難しい。」

📖 入試攻略 Points

対策 (1) **playing** (2) **broken**
(1) The boy **playing** baseball over there is my brother. 「向こうで野球を<u>している</u>少年は私の兄〔弟〕です。」playing 〜 there が boy を後ろから修飾している。「〜している」なので現在分詞。
(2) Is this the clock **broken** by Tom? 「これはトムによって<u>壊された</u>時計ですか。」broken 以下が clock を後ろから修飾している。「〜された」なので過去分詞。

解答（pp.24〜25）

1 (1) **エ** (2) **エ** (3) **ア** (4) **ウ** (5) **イ**
(6) **イ**

2 (1) **This is a very good story which**〔**that**〕 **makes everyone happy.**
(2) **Do you know that man who is from Canada?**
(3) **A girl who**〔**that**〕 **was wearing a big hat sat in front of us.**
(4) **The man who**〔**that**〕 **has books under his arms is my brother.**

3 (1) **whose hair**
(2) **which**〔**that**〕**, painted**
(3) **who**〔**that**〕 **lives**

4 (1) **The people I met in Korea were** (nice.)
(2) (Do you) **think that Satoshi will come** (to the party tomorrow?)
(3) (Ted, will) **you go and get some** (tomatoes?)

(4) (I) **like the ring which Bob gave me** (.)

(5) **The church that you are looking for is** (on that hill.)

(6) (There are) **some people who are not interested in** (breakfast.)

5 (1) あなた（たち）がほかの国々を訪れるときに，あなた（たち）に覚えていてほしいことが１つあります。

(2) 約束を破る人をだれも信じないでしょう。

6 (1) 例 **The book** (**which**〔**that**〕) **you lent me was very useful.**

(2) 例 **If you get up at seven tomorrow morning, you'll**〔**you will**〕 (**be able to**) **catch the eight-thirty bus.** 〔**You'll**〔**You will**〕 (**be able to**) **catch the eight-thirty bus if you get up at seven tomorrow morning.**〕

解説

1 (3) 先行詞に最上級の形容詞がついている場合，関係代名詞はふつう that を使う。

(4) 先行詞が動物であることと，時制の一致に注意する。

2 (3) A girl を she で受けているので，主格の関係代名詞 who〔that〕を使う。

(4) 先行詞が The man なので，主格の関係代名詞 who〔that〕を使う。

4 (1) The people のあとに目的格の関係代名詞 that〔whom〕が省略されている。

(2) 前に先行詞がなく，後ろに〈主語＋動詞〉がくる場合の that は，「～ということ」の意味の接続詞として考えてみる。

(6) 「関心をもつ」は be interested in ～で表す。

5 (1) thing の後ろに目的格の関係代名詞が省略されている。want ～ to ... は「～に…をしてほしい」の意味。

6 (1) which の代わりに that を使うことも可能。また，目的格なので，省略することも可能。

(!)ここに注意 **関係代名詞の使い分け**

関係代名詞は，先行詞が人か人以外か，また，主格か目的格かによって以下のように使い分ける。

先行詞	主　格	目的格
人	who, that	that〔whom〕
人以外	which, that	which, that

入試攻略 Points

対策 ア

目的格の関係代名詞は省略することができる。we can see from here が house を修飾している。That white house (that) we can see from here is my uncle's house. 「ここから見えるあの白い家は，私のおじさんの家です。」

12 時間目 前置詞

解答 (pp.26～27)

1 (1) イ　(2) ウ　(3) ア
(4) ウ　(5) エ　(6) ウ

2 (1) **from**　(2) **of**　(3) **as**　(4) **for**

3 (1) **among**〔**with**〕　(2) **in, for**　(3) **of**
(4) **about**

4 (1) **with**　(2) **for**

5 (1) **in**　(2) **for**　(3) **to**

6 ア

7 (1) (A) **big cat is sleeping on the table** (.)

(2) (A) **girl is sitting in front of an old piano** (.)

(3) **There is no difference between** (the two.)

(4) **What will the weather be like** (tomorrow?)

解説

1 (1) 交通手段は〈by ＋乗り物名〉で表す。

(2) Thank you for ～. は「～をありがとう。」の意味。

(6) 「次の水曜日までには」と動作が完了する期限なので by を使う。until は「～までずっと」と動作や状態が継続するときに使う。

2 (1) be from ～は「～の出身である」の意味。

(2) take care of ～は「～の面倒を見る」の意味。

(4) 不定詞の意味上の主語は〈for ＋目的格〉で表す。

6 上の英文中の with はある特性を持っていることを表すので，ア と同じ意味。残りは，イ 「～を使って」，ウ 「～をかぶって」の意味。

7 (2) in front of ～は「～の前に」の意味。

(3)「その2つの間に」は between the two で表す。

!ここに注意 **前置詞の整理**

(1)「とき」を表すもの
- for「〜の間」
- by「〜までには」
- after「〜のあとに」
- during「〜の間」
- in「〜たてば」
- since「〜から」 など

(2)「場所・方向」を表すもの
- by「〜のそばに」
- near「〜の近くに」
- behind「〜の後ろに」
- into「〜の中へ」
- through「〜を通って」
- along「〜にそって」 など

(3)「手段・道具・言語」などを表すもの
- by「〜によって」（手段）
- with「〜で」（道具）
- in「〜で」（言語） など

📖 入試攻略 Points

対策 (1) **seeing** (2) **play**

(1) look forward to 〜で「〜を楽しみにする」。この to は前置詞。あとに動詞がくる場合は動名詞（ing形）になり，look forward to 〜ing で「〜することを楽しみにする」。「あなたと会えるのを楽しみにしています。」

(2)〈to＋動詞の原形〉が動詞 like の目的語になる。like to 〜で「〜することが好きだ」の意味。「私はピアノを弾くことが好きです。」

13 時間目 文構造・仮定法

解答（pp.28〜29）

1 (1) **surprised that** (2) **showed us that**
(3) **wish, were〔was〕**
(4) **were〔was〕, could** (5) **what you**
(6) **sure he**

2 イ

3 (1) **that** (2) **were〔was〕, could**
(3) **asked, when we would**
(4) **told, that** (5) **which, should**
(6) **when, born**

4 (1)（I）**was glad that we could still use**（it.）
(2) **He told me that Ben was in Canada**（then.）
(3) **I wish Mr. White could stay in Japan**（more.）

(4) **I'm sure you will have a good time**（there.）
(5) **Could you show me what you can do**(?)

5 (1) 彼が30分遅刻したことで彼女は怒っていた。
(2) もし有名人に会ったら，あなたはどうしますか。
(3) 私の先生は私に誰が窓を割ったのか聞きました。

6 (1)例 Please tell me which event you want〔would like〕to join.
(2)例 If I were〔was〕free, I could go with you.
(3)例 I was surprised (that) there were many〔a lot of〕people in the room. / I was surprised (that) many〔a lot of〕people were in the room.

解 説

1 (3)「〜ならいいのに」という現実と異なる願望を表すときは〈wish (that)＋主語＋（助）動詞の過去形〉で表す。主語が何であっても，be動詞は基本的に were を使う。
(4)「もし〜ならば，…だろうに」と現実とは異なることを仮定して言うときは〈If＋主語＋動詞の過去形〜，主語＋助動詞の過去形＋動詞の原形〉で表す。
(6)「きっと〜だと思う，〜ということを確信している」は〈be sure (that)＋主語＋動詞〉。ここでは that を省略する。

2 ア「もし明日が晴れるならば，外で遊びましょう。」直接法の文で，現実に起こる可能性がある内容について表す。このとき，未来のことであっても if 節の動詞は現在形にする。イは will が誤り。「もし私が上手に英語を話せたら，世界中を旅するだろうに。」という仮定法の文にする場合は，will を過去形の would にする。ウ「もし彼女が私の先生だったら，私はもっと数学を勉強するだろうに。」仮定法の文で，現実とは異なることを仮定して言っている。

3 (2)「もしその犬が若ければ，新しい芸を覚えるだろうに。」という文にする。
(3)「彼は私たちに，いつ成田を出発するかを尋ねました。」という文にする。話法の転換による時制の一致に注意する。
(6)「誕生日」＝「生まれた日」なので，「私は彼に

メアリーがいつ生まれたのか聞くつもりです。」という文にする。

4 (5)「あなたが何をできるのか」の what you can do が show の目的語になっている。間接疑問文なので〈疑問詞＋主語＋動詞〉の語順にする。

6 (1) which を使った間接疑問文は，〈which ＋名詞＋主語＋動詞〉の語順にする。
(3) 主節の動詞が was と過去形なので，that 節の動詞も過去形にすることに注意する。

> **！ここに注意　仮定法の動詞**
> 仮定法では，（助）動詞は過去形にする。主語が何であっても be 動詞は基本的に were にする。「～するだろうに」であれば will の過去形の would，「～できるだろうに」であれば can の過去形の could を使う。
> I wish she **were** my sister. 「彼女が私の妹ならいいのに。」
> If I **had** a car, I **could** travel with my friends. 「もし車を持っていれば，友達と旅行できるだろうに。」

> **入試攻略 Points**
> **対策** (1) (If I) **have** (time, I) **will** (visit you.)
> (2) (If I) **had** (time, I) **would** (visit you.)
> 現実に起こる可能性のあることを表す直説法と，現実とは異なる願望や仮定を表す仮定法の違いに注意すること。
> (1) If I **have** time, I **will** visit you. 「もし時間があれば，あなたをたずねます。」→直説法（時間が空き，たずねられるかもしれない）
> (2) If I **had** time, I **would** visit you. 「もし時間があれば，あなたをたずねるだろうに。」→仮定法（時間がなく，たずねることができない）

14 時間目　連 語

解答（pp.30～31）

1 (1) **on, way** (2) **At first** (3) **for**
(4) **care** (5) **good at**
2 (1) **message** (2) **course** (3) **Here**
3 (1) (So, we) **don't have to get up** (so early.)
(2) (Yes. We) **had a very good time** (at it.)
(3) (Which) **country would you like** (to visit?)
4 (1) **that, couldn't** (2) **each other**

---

(3) **different from** (4) **to hear**
5 (1) (Are) **you interested in Japanese culture**(?)
(2) **I made friends with an Australian student in** (Kyoto last week.)
(3) **Why don't you start your speech with** (some humor?)
(4) (Now I know that the things to make our team strong) **are not only practicing hard but also exchanging ideas**(.)
6 (1) 例 **I want a glass of water.**
(2) 例 **Shall we meet in front of the station?**

> **解 説**

1 (1) on one's way to ～は「～へ行く途中で」の意味。
(4) take care of oneself は「体に気をつける」の意味。
(5)「～が得意である。上手だ」は be good at ～で表す。
2 (3) Here you are. は「はい，どうぞ。」の意味で，相手にものを渡すときの表現。
3 (1) don't have to ～は「～する必要がない」の意味。
(2) have a good time は「楽しい時を過ごす」の意味。ここでは had と過去形になっている。
5 (1)「～に興味がある」は be interested in ～で表す。
(2) make friends with ～は「～と友達になる」の意味。友達を作るには相手が必要なので friends と複数形になる。
(3) Why don't you ～？は「～したらどうですか。」の意味。
(4) not only ～ but also ... は「～だけでなく…も」の意味。
6 (1) water は数えられない名詞なので，「水を1杯」というとき，a glass of ～を使って表す。
(2)「～しましょうか。」は Shall we ～？で表す。「～の前で」は in front of ～。

> **！ここに注意　数えられない名詞の数えかた**
> 「1枚のパン」＝a slice of bread
> 「1本の牛乳」＝a bottle of milk
> 「1杯の紅茶」＝a cup of tea
> 「2枚の紙」＝two pieces〔sheets〕of paper
> 「スプーン2杯の砂糖」＝two spoonfuls of sugar

> **入試攻略 Points**
> **対策** (1) **hands** (2) **trains**

握手をするには相手が必要である。また，同種の
ものを交換するときにも，連語に含まれる名詞は
複数形になる。shake hands with ～は「～と握手
をする」，change trains は「電車を乗りかえる」
の意味。

15 時間目　会話表現

解答（pp.32～33)

1 (1) **What's** (2) **help** (3) **too bad**
　(4) **Excuse**
2 (1) ウ　(2) ウ　(3) ウ　(4) ア　(5) ウ
　(6) イ
3 (1) ウ　(2) ウ
4 (1) カ　(2) ウ　(3) エ　(4) ア　(5) オ
5 (1) 例 **Can I open it?**
　(2) 例 **Shall I open the window?**

解説

1 (1) What's wrong? は What's the matter? とほぼ同
じ意味。
2 (2) How's everything? は「調子はどうですか。」の
意味。
3 (1) 前に can を使った表現がないので，**ウ**は不可。
　(2) 主語は My bike なので，**ウ**は不可。
4 **ア**「それはいいですね。」**イ**「試しにやってみな
さい。」**ウ**「まだです。」**エ**「どうぞ，ご自由に。」
オ「今のところ，うまくいっています。」**カ**「まさか。」
5 (2) Yes, please. は相手の申し出を受けるときの表
現なので，前には何かを申し出る表現が入る。

！ここに注意　ていねいな表現
「窓を開けてください。」と相手にお願いする場合
の表現。下のものほど，ていねいな表現になる。
Open the window.
Please open the window.
Can you open the window?
Will you open the window?
Would〔Could〕you open the window?
Would〔Could〕you open the window, please?

📖 入試攻略 Points
対策 (1) (B : Oh, did he) **pass the exam** (?)
(2) (B : Can't you) **drive a car** (?)
会話が行われている人の間で，わかりきっている
ことや，前の表現を繰り返すのをさけるときは，
省略がおこる。

総仕上げテスト ①

解答（pp.34～36)

1 (1) イ　(2) ウ　(3) イ　(4) ア
　(5) ウ　(6) ア
2 (1) **times** (2) **hungry**
3 (1) **teaches** (2) **Shall I** (3) **younger**
　(4) **so, that** (5) **give** (6) **If, don't**
4 (1) (Is) **it all right to bring a dog** (into
　a train?)
　(2) (On my first visit,) **I didn't know**
　what to say (.)
　(3) (It is) **a wonderful book written by**
　an American woman (.)
　(4) (Will) **you give me something cold**
　to drink (?)
　(5) (The paper) **says that it will snow**
　this (evening.)
　(6) (This) **bus will take you to the**
　airport (.)
　(7) (Do) **you want me to help you with**
　your homework (?)
5 (1) あなたに話さなければならないこと
　が1つあります。
　(2) 彼はその少女に月明かりとはどのよ
　うなものかを話しました。
6 (1) 例 **It is important to do good things**
　for other people.
　(2) 例 **We'll show you the newspaper**
　next month.
　(3) 例 **You have never seen my**
　grandmother living in this town.
7 (1) A **オ** B **イ** C **ウ** D **カ**
　(2) (Yuka,) **what do you know** (about
　New York?)
　(3) **dream**

解説
1 (1) 距離を尋ねる場合には, How far is it ～? を使う。
(2) for five years と期間を表す語句があるので現在
完了の文。「祖父が亡くなってから5年たちます。」
という意味。
(4) Could you ～? は「～していただけませんか。」
と相手に依頼する表現。Can you ～? よりもていね
いな言い方。

3 (2) Shall I ～? は「～しましょうか。」の意味。
(6)〈命令文＋or〉の場合，or は「(～しなさい,)さもないと…」の意味になる。また，〈命令文＋and〉の場合, and は「(～しなさい,)そうすれば…」の意味になる。
4 (7)「あなたは私にあなたの宿題を手伝ってほしいですか。」という文にする。
5 (2) what ～ is like は「～はどのようなものか」の意味。
6 (2)「…を～に見せる」は show ～ ... を使う。
(3) living を使うという指示があるので，grand-mother を living in this town が後ろから修飾する形の現在分詞の文にする。
7 **全文訳**
　トムはアキラの家族のところに滞在しています。ある日曜日の朝，トムとアキラはユカの家へ行きます。
アキラ：ユカ，ぼくの友達のトムを紹介したいんだ。彼はアメリカの出身だよ。
トム：こんにちは，ぼくはトムです。はじめまして，ユカ。
ユカ：こんにちは，トム。私はユカです。こちらこそはじめまして。
アキラ：トムはこの前の水曜日からぼくの家に滞在しているんだよ。
ユカ：まあ，ほんとうに？　あなたはアメリカのどこの出身なの？
トム：ニューヨークだよ。アメリカの大都市の１つなんだ。ユカ，君はニューヨークについて何を知っている？
ユカ：ニューヨークには日本人のプロ野球選手がいることを知っているわ。
トム：そのとおり。彼らはそこでとても人気があるよ。
アキラ：彼らは日本でとても一生懸命に野球をして，アメリカでプレイしたいと長い間思っていたんだ。彼らの夢が実現したのだから，彼らは今，幸せだと思うな。
ユカ：私もそう思うわ。
トム：ところで，君には夢があるの？
ユカ：ええ，私は将来，外国で働きたいと思っているわ。だから，今とても一生懸命英語を勉強しているのよ。私は仕事で英語を使えたらいいと思うわ。アキラ，あなたはどう？
アキラ：ぼくは何をしたいのかわからないよ。
トム：なるほど，でもぼくは夢を持つことはとても大切だと思うよ。もし君に夢があったら，そのために一生懸命勉強したり努力したりできるよ。
アキラ：君の言うとおりだね。ぼくは夢を持つべきだと思うよ。自分の将来について考えてみるよ。

総仕上げテスト ②

解答（pp.37～39）

1 (1) is　(2) surprised
(3) inviting　(4) waiting
(5) living　(6) oldest
2 (1) (To be a chef) **is one of my dreams** (.)
(2) (Because it) **is written through the eyes** (of a little dog.)
(3) (I think Kyoto) **is the most popular of the three** (cities.)
3 (1) **without saying**　(2) **nothing to**
(3) **do**　(4) **made, happy**
(5) **If, had**　(6) **too, to**
4 (1) **come**
(2) **second**
(3) **looking**
(4) **miss**
5 (1) **イ**　(2) **エ**　(3) **エ**　(4) **ア**　(5) **ア**
6 (1) 例 **This museum looks interesting.**
(2) 例 **I have〔I've〕never heard about that.**
(3) 例 **I saw many〔a lot of〕people (who are) speaking different languages.**
7 (1) **ウ**　(2) **エ**　(3) **ア**

解　説

1 (1) 先行詞が a friend と単数であることと時制に注意する。
(3) 前置詞の後ろは必ず名詞のはたらきをする語句をおく。ここでは invite を動名詞の inviting にする。
(5) live を現在分詞の living にし，a girl を修飾する。
2 (1)「～の一つ」は〈one of ＋名詞の複数形〉で表す。
3 (1)「彼女は何も言うことなしに〔言わずに〕去った」という文にする。
(6)「その映画は私たちが理解するには難しすぎました。」という文にする。so ～ that ... は「とても～なので…だ」と否定の意味を含まないのに対し，too ～ to ... は「…するには～すぎる」と否定の意味が含まれていることに注意する。
4 (1) come true は「実現する」，come from ～ は「～出身である」の意味。
(2) second month は「２番目の月」，in a second は「すぐに」の意味。
(3) look for ～ は「～を探す」，look forward to ～ は「～

を楽しみにする」の意味。

　(4) 1つ目の miss は「〜がいないのをさびしく思う」，2つ目の miss は「〜を逃す」の意味。

5 　(4)質問に対して，難しい英単語を見つけたときには英和辞書で調べ，ノートに日本語の意味を書いている，と答えているので，どのように英単語を勉強しているのかをたずねる疑問文にする。

7 　**全文訳**

　ぼくは先週，母とお好み焼きを作りました。料理中に，彼女は「あなたはお好み焼きが日本食だと思う？」と言いました。ぼくは「もちろん！」と答えました。すると彼女は，「あなたは正しいわ，でもいくつかの材料は他の国から来ているわ。例えば，私たちが今使っている豚肉やエビは海外から輸入されたものね。私たちは多くの材料を海外に依存しているのよ。」と言いました。そのときぼくは「食料自給率」という言葉を思い出しました。ぼくは学校で，日本の食料自給率は半分よりも低いということを学んだのです。

　それでは，ぼくたちが食べている食物はどこから来ているのでしょうか。まず，2つのグラフを見てください。ぼくたちがこれらの国から豚肉やエビを輸入しているということがわかります。左のグラフは，約半分の豚肉がアメリカとカナダから輸入されているということを示しています。右のグラフを見ると，エビはアジアの数か国から来ているということがわかります。ぼくは，ぼくたちがこんなにも多くの国からそれらを輸入しているということを知って驚きました。

　では，表を見てください。これは4か国の1963年と2013年の食料自給率についてのものです。1963年と2013年のどちらとも，カナダの食料自給率が最も高いことがわかります。そして，1963年のアメリカの割合はフランスの割合よりも高いですが，2013年ではフランスとアメリカの割合は同じくらいです。1963年と2013年の割合を比較すると，日本の割合だけが1963年から2013年に向けて小さくなっています。この表は，2013年に日本は約60％の食物を海外から輸入したということを示しています。ぼくたちが食物を全く輸入できなくなれば，ぼくたちは苦労するかもしれません。

　ぼくはお好み焼きは「日本」食だと思いました。しかし，それは「国際的な」料理だということもできます。ぼくは，ぼくたちが輸入しているものが他にも多くあると推測しています。なので，次にあなたがスーパーマーケットに行くときには，それらがどこから来ているのか調べてみてはいかがでしょうか。

メモ